Hans-Jürgen Appelrath, Dietrich Boles,
Volker Claus, Ingo Wegener

Starthilfe Informatik

Hans-Jürgen Appelrath, Dietrich Boles, Volker Claus, Ingo Wegener

Starthilfe Informatik

2., durchgesehene Auflage

Teubner

B. G. Teubner Stuttgart · Leipzig · Wiesbaden

Die Deutsche Bibliothek – CIP-Einheitsaufnahme
Ein Titeldatensatz für diese Publikation ist bei
der Deutschen Bibliothek erhältlich.

Prof. Dr. Hans-Jürgen Appelrath

Geboren 1952 in Duisburg. 1972 bis 1977 Studium der Mathematik und Informatik in Bonn und Dortmund, 1977 bis 1979 Softwareentwickler, 1979 bis 1983 Hochschulassistent an der Universität Dortmund, 1983 dort Promotion, 1983 bis 1987 zunächst Oberassistent, ab 1986 Assistenzprofessor für Informatik an der ETH Zürich. Seit 1987 Lehrstuhl für Praktische Informatik an der Universität Oldenburg, seit 1992 Vorstandsvorsitzender von OFFIS (Oldenburger Forschungs- und Entwicklungsinstitut für Informatik-Werkzeuge und -Systeme). Autor u. a. des Lehrbuchs „Skriptum Informatik – eine konventionelle Einführung", seit 1988 Mitherausgeber der Informatik-Reihe beim Teubner-Verlag.

Dipl.-Inform. Dietrich Boles

Geboren 1963 in Altena/Westf. Ab 1988 Studium der Informatik in Oldenburg, Diplom 1994, seitdem Wissenschaftlicher Mitarbeiter des Fachbereichs Informatik der Universität Oldenburg, Arbeitsschwerpunkte: Objektorientierte Softwareentwicklung und Digitale Bibliotheken. Autor u. a. des Lehrbuchs „Programmieren spielend gelernt mit dem Java-Hamster-Modell".

Prof. Dr. Volker Claus

Geboren 1944 in Biesenthal. Studium der Chemie, Physik und Mathematik in Saarbrücken, Promotion in Mathematik. Seit 1972 Professor in der Informatik an den Universitäten Dortmund, Oldenburg und Stuttgart. 1980 bis 1984 Fachgutachter der Deutschen Forschungsgemeinschaft, 1984 bis 1991 Leiter des Bundeswettbewerbs Informatik. 1995 bis 1997 Sprecher des Software-Labors der Universität Stuttgart. Mitautor u. a. des Duden Informatik und des Schüler-Duden Informatik, seit 1985 Mitherausgeber der Informatik-Reihe beim Teubner-Verlag.

Prof. Dr. Ingo Wegener

Geboren 1950 in Bremen. Diplom 1976, Promotion 1978, Habilitation 1981. 1980 bis 1987 Professor am Fachbereich Informatik der Johann-Wolfgang-Goethe-Universität in Frankfurt am Main, seit 1987 als Professor für das Gebiet Komplexitätstheorie und Effiziente Algorithmen am Fachbereich Informatik der Universität Dortmund, 1994 Universitätsmedaille für ausgezeichnete Lehre, 1989 bis 1998 Bundesjury „Jugend forscht" im Gebiet Mathematik/Informatik, 1995 bis 2001 Leitung des Bundeswettbewerbs Informatik. Autor zahlreicher Lehrbücher, u. a. „Theoretische Informatik" und „Highlights aus der Informatik".

1. Auflage 1998
2., durchgesehene Auflage August 2002

Alle Rechte vorbehalten
© B. G. Teubner GmbH, Stuttgart/Leipzig/Wiesbaden, 2002

Der Verlag Teubner ist ein Unternehmen der Fachverlagsgruppe BertelsmannSpringer.
www.teubner.de

Umschlaggestaltung: Ulrike Weigel, www.CorporateDesignGroup.de

Gedruckt auf säurefreiem und chlorfrei gebleichtem Papier.

ISBN-13: 978-3-519-10241-0   e-ISBN-13: 978-3-322-87198-5
DOI: 10.1007/978-3-322-87198-5

Inhaltsverzeichnis

Kapitel 1

Einleitung

1.1 Die Faszination der Informationsverarbeitung

Materie, Energie und Information gelten als die drei Grundgrößen für den homo faber, den handwerklich tätigen Menschen. Er nutzt sie zur Herstellung und zum Einsatz von Geräten. Hierin, und nicht in der Existenz politischer Machtverhältnisse oder kriegerischer Auseinandersetzungen, liegt ein wichtiger Indikator für den Fortschritt der Menschheit. Die vom Menschen geschaffenen Werkzeuge waren vorwiegend materieller Art. Ihre Produktion und ihre Nutzung erfordern Energie. Doch ihr Entwurf, ihre besonderen Herstellungsverfahren und ihr Einsatz bedürfen der Information, deren zielorientierten und zukunftsgerichteten Einsatz bisher in der belebten Welt nur der Mensch beherrscht.

Bezüglich Energie und Materie war es der Mensch gewohnt, von anderen Lebewesen übertroffen zu werden. Aber auf „seine Informationsverarbeitung" war er stets stolz. Doch in diesen Bereich dringen nun informationsverarbeitende Systeme vor, die letztlich nur Werkzeuge des Menschen sind, ihn aber auf sehr speziellen Gebieten an Leistungsfähigkeit um das Milliardenfache überbieten. Wir leben heute in diesem revolutionären Zeitalter, in dem Daten und ihre Verarbeitung, Informationsgewinnung und -wiederfindung, Steuerung und Planung immer besser verstanden, präzise dargestellt und mechanischen oder elektronischen Geräten übertragen werden können. Für viele mag dies ein wenig unheimlich sein, aber diejenigen, die durch geistige Routinearbeiten beengt waren, können sich verstärkt den planerischen Aufgaben zuwenden und neue Denkdimensionen in Angriff nehmen. Natürlich muß sich der Mensch auch der Auswirkungen bewußt sein, die die automatisierte Informationsverarbeitung für die Arbeitswelt, für die Gesellschaft und für die einzelnen Personen mit sich bringt.

Betrachten wir ein Beispiel. Bis in die 1960-er Jahre war das Liegenschaftsamt einer Gemeinde zu etwa 50% damit ausgelastet, die vielen Multiplikationen, die bei Prozentrechnungen oder Kostenumlegungen unvermeidlich sind, durchzuführen oder nachzuprüfen. Auch im Finanzamt mußten sich die Beamt(inn)en vorwiegend den Additionen und Multiplikationen widmen. Die arithmetischen Leistungen, die damals in einem Jahr von allen Behörden Deutschlands erbracht wurden, kann heute ein einzelner Superrechner in einigen Tagen nachvollziehen. Das folgende Beispiel macht dies klar.

Wenn man zwei achtstellige Zahlen nach der Schulmethode multipliziert, z.B.:

```
3   5   8   7   3   6   0   9   ·   7   0   6   9   8   2   4   4
    2   5   1   1   1   5   2   6   3
                                        0
        2   1   5   2   4   1   6   5   4
        3   2   2   8   6   2   4   8   1
        2   8   6   9   8   8   8   7   2
            7   1   7   4   7   2   1   8
            1   4   3   4   9   4   4   3   6
            1   4   3   4   9   4   4   3   6
    2   5   3   6   2   0   1   1   6   2   2   4   2   5   9   6
```

dann wird ein Mensch hierfür ca. 200 Sekunden benötigen. Schon ein normaler Personal Computer (PC) braucht aber nur noch eine Mikrosekunde (10^{-6} sec). Ein heutiger Höchstleistungsrechner kann hundert Millionen 10-stelliger Zahlenpaare in einer Sekunde miteinander multiplizieren; er ist also mindestens 20 Milliarden mal schneller als ein Mensch. Zum Vergleich im Energiebereich: Ein Mensch geht mit knapp 5 km/h, also rund 1,5 Meter pro Sekunde. Ein Lichtstrahl bewegt sich mit 300.000.000 Meter pro Sekunde; das ist 200 Millionen mal schneller als der Mensch. Man beachte: Der Geschwindigkeitszuwachs in der Informationsverarbeitung (zumindest auf dem Gebiet der Routinetätigkeit „Multiplikation") übertrifft den Geschwindigkeitszuwachs, den wir mit Lichtgeschwindigkeit gegenüber dem Gehen erhalten, schon jetzt um das Hundertfache! Diese gewaltigen Geschwindigkeitssteigerungen im Bereich der Informationsverarbeitung sind den meisten Menschen noch gar nicht bewußt geworden.

„Es sind ja nur schnelle Rechenknechte", sagen manche. Aus der Mathematik weiß man, daß sich logische Beweisführungen durch Additionen und Multiplikationen simulieren lassen. Es wird also nur eine Frage der Zeit sein, daß auch diese in den Bereich der menschlichen Gedankengänge gehörenden Leistungen von Computern erbracht werden. Im Schachspiel ist diese Situation bereits erreicht: Moderne Schachprogramme können auch von Weltmeistern kaum noch geschlagen werden.

Jede(r) kann die heutigen gewaltigen Rechenleistungen per Knopfdruck abrufen. Vordergründig haben sie daher etwas vom klassischen Märchen: Ein Problem wird vorgegeben, z.B. die Überwindung großer Entfernungen oder das Versetzen eines Palastes oder die Entlarvung von Bösewichtern, und ein Geist löst es durch ein Zauberwort. Jedoch sind die modernen Probleme nicht materieller oder energetischer Art, sondern sie gehören in den Bereich der Information, der Steuerung und der Entscheidungsfindung. Und genau in diesen Bereich stoßen wir heute vor, wir beginnen ihn zu verstehen, wir liefern erste Lösungen und bewegen uns in eine neue Denkwelt hinein: in die faszinierende Welt der Informationen.

Das vorliegende Buch soll den Zugang zu den Grundlagen der Informationsverarbeitung erleichtern und wichtige Prinzipien erläutern, wie sie zu Beginn des Informatikstudiums vermittelt werden. Diese bilden die Basis für die Möglichkeiten und Ausprägungen der sich entwickelnden Informationsgesellschaft und sind somit ein Fundament für künftige Ansätze, Konzepte, Produkte und Organisationen.

1.2   Über die Informatik

Überall läßt sich nachlesen, daß Informatik die Wissenschaft der automatisierten Informationsverarbeitung ist, daß hierbei digitale Computer eine zentrale Rolle spielen und daß die Spannweite der Informatik von den elektronischen Bauelementen und den Chips über die Betriebssysteme und die Programmiersysteme, über Steuerungssysteme und komplexe Anwendungssysteme bis zu weltumspannenden Großsystemen (z.B. dem Softwaresystem, das alle Telefonsysteme miteinander verbindet und deren reibungsloses Zusammenwirken sicherstellt, oder dem weltweiten Internet) reicht. Zugleich befaßt sich die Informatik mit den theoretischen Grundlagen, den Modellen, der Simulation, den Entwicklungsprozessen von Systemen, sowie den Fragen der Auswirkungen und gesellschaftlichen Wechselwirkungen, die diese neue Technologie mit sich bringt.

Allerdings sieht man von den Ideen, die hinter den unzähligen Produkten der Informatik stehen, kaum etwas. In der Praxis gibt es konkrete Betriebssysteme (wie UNIX, LINUX, OS/2, WINDOWS 98 usw.), konkrete Programmiersprachen (wie (COBOL, FORTRAN, C, C++, DELPHI, EIFFEL, LISP, PROLOG usw.), viele Werkzeuge (wie Editoren, Browser, mail-Systeme, Programmierumgebungen, CASE-Werkzeuge usw.) und spezifische Anwendungssysteme. Viele dieser Systeme entsprechen nicht den Kriterien, die die Informatik fordert. Doch ebenso wenig, wie heute das klimatisierte, schadstofffreie Dreiliterauto hergestellt wird, das es prinzipiell wohl geben könnte, so darf man in der Informationsverarbeitung schon jetzt Systeme erwarten, die in irgendeinem Sinne ideal wären. Auch hier akzeptiert man die Produkte, die auf dem Markt sind, und baut auf ihnen auf - aber die vorhandenen Produkte sind nicht der Maßstab, mit dem die Erkenntnis und der Wissensstand gemessen werden. Aber genau hierum geht es in der Informatik wie in jeder anderen Wissenschaft. Wer also alle Parameter von WINDOWS 98 kennt, hat zunächst mit der Informatik ebenso wenig zu tun, wie jemand, der einen 8-Zylinder-Motor einer Automarke auseinandernehmen und wieder zusammensetzen kann, als Experte der Fahrzeugentwicklung anzusehen ist.

Einige zentrale Begriffe der Informatik lauten heute: Abstraktion, Komplexität und Semantik, Sicherheit und Fehlertoleranz, Werkzeugkonzeption, Softwaretechnik und Einbettung von Systemen. Die Informatik ist sehr jung, sie entstand erst in den 1950-er Jahren, sie experimentiert noch und kann nicht auf eine vielhundertjährige Geschichte zurückblicken. Dennoch stabilisieren sich einige charakteristische Eigenschaften.

Das Auffälligste an der Informatik ist sicher die konsequente *Abstraktion*. 1960 konnte man Personen, deren Augen beim Anblick einer Rechenanlage leuchteten, noch als Informatiker(innen) identifizieren; heute gehen diese Personen einer modernen Rechenanlage eher aus dem Weg, weil sie an deren Prinzipien und den Konzepten ihrer Software und nicht an der konkreten Ausgestaltung interessiert sind. Sie abstrahieren von der vorliegenden Maschine! Unter Abstraktion versteht man das Heraussondern eines wesentlichen Aspekts aus einer oder vielen konkreten Gegebenheiten. In der Informatik ist die Abstraktion der Denkprozeß, der eine konkrete Maschinen-, Programm- oder Systemkonstruktion ignoriert und hinter ihr die Konstruktionsprinzipien oder die realisierten Funktionen erkennt, die dem System zugrunde liegen und sich auf andere Problemstellungen übertragen lassen.

Moderne Informatik untersucht die *Komplexität* und die *Semantik* von Programmen und Systemen. Erstere mißt den Aufwand an Ressourcen, letztere fragt danach, ob das, was man hinschreibt, auch das ist, was man meint. Unverzichtbar in der Praxis ist die *Sicherheit* von Systemen, wobei hiermit Fehlersicherheit oder Abhörsicherheit gemeint sein kann. Da Sicherheit nur selten erreicht wird, so verlangt man *Fehlertoleranz*, also ein gutartiges Verhalten im Falle, daß System- oder Bedienungsfehler auftreten. Die Kompliziertheit der Informationsverarbeitung erfordert heute den Einsatz von (Software-) *Werkzeugen*, ohne die viele Fragestellungen (z.B. die Anordnung zehntausender von Bauelementen auf einem Chip oder die Erstellung riesiger Betriebssoftware) nicht lösbar sind. Die meisten Probleme der Praxis scheitern ohnehin nicht an der Informatik, sondern an Entwurfsproblemen, wirren Planungen, unklaren Vorgaben, falschem Vorgehen usw.; geeignete Vorgehensweisen entstehen im *Software Engineering*. Schließlich dringen Informatikmethoden immer mehr in Produkte ein (Flugzeuge, Automobile und Telekommunikationsgeräte enthalten viel mehr Informatiksysteme, als viele ahnen), wodurch die Abstimmung mit den und die Anpassung an die vorhandenen Umgebungen entscheidend wird; es geht also um die *Einbettung von Systemen*.

Viele andere Begriffe spielen ebenfalls eine wichtige Rolle, einige sprechen wir in diesem Buche an. Natürlich sind wir auch mitten in philosophischen Problemen, auf die wir nicht eingehen können. Welche Realität können künstliche Welten (z.B. Cyber Spaces) beanspruchen, was unterscheidet Menschen von hochkomplexen Maschinen, läßt sich der Begriff „Leben" auf Informationswelten übertragen, welche Erkenntnisse menschlichen Zusammenlebens lassen sich auf verteilte Systeme übertragen usw.?

1.3   Überblick über dieses Buch

Vom Konzept her sollten zunächst die Kapitel 2 und 3 gelesen werden; die Kapitel 4 bis 6 können in beliebiger Reihenfolge durchgearbeitet werden. Während Kapitel 4 wesentlich auf Kapitel 3 aufbaut, können Teile der Kapitel 5 und 6 auch verstanden werden, ohne alle Aspekte aus den Kapiteln 2 und 3 zu kennen, sofern man sich nur einen Überblick verschaffen will.

Wer sich in die Informatik einarbeiten will, muß Fragestellungen auch formal darstellen und Lösungen abstrakt formulieren können. Daher sind Grundlagen aus der Mathematik unverzichtbar, die teilweise schon in der Schule vermittelt worden sind. Diese werden im zweiten Kapitel zusammengestellt. Drei zentrale Begriffe der Informatik lauten *Algorithmus*, *Datenstruktur* und *Prozeß*. Zusammen mit dem Aufbau eines Rechners bilden deren Darstellung, ihre Eigenschaften und typische Beispiele den Kern des dritten Kapitels.

Die Kapitel vier bis sechs behandeln fortgeschrittene Konzepte der Informatik. Zunächst wird die Effizienz von Verfahren untersucht. Während die *Effektivität* besagt, daß es zu einem Problem ein Lösungsverfahren gibt, bedeutet die *Effizienz* eines Verfahrens, daß es recht schnell abgewickelt werden kann oder sogar schneller arbeitet, als andere Lösungsverfahren für dieses Problem. Der Entwurf effizienter Algorithmen gehört zum Handwerkszeug der Informatik, wobei die richtige Wahl von Datenstrukturen und deren geschickte Verwaltung entscheidend sind. Dies wird im vierten Kapitel erläutert zusammen mit der Frage, zu welchen Problemen es möglicherweise keine effizienten Lösungsverfahren geben kann.

In den vergangenen 50 Jahren hat sich die Informatik einen wichtigen Platz in der Wirtschaft und in der Wissenschaft erobert. Hierbei entstanden und entstehen riesige Programmpakete und sehr komplizierte, über viele Rechner verteilte Systeme. Deren Entwicklung ist keine künstlerische Einzelleistung, sondern bildet einen hochkomplexen Vorgang, an dem tausende von Programmierer(inne)n beteiligt sein können. Der zugehörige Zweig der Informatik hat vor 30 Jahren den Namen *Softwareengineering* erhalten. Hier werden Techniken wie Modularisieren, Kapseln, Vorgehensmodelle, Prototyperstellung usw. entwickelt. Um Programme unabhängig erstellen, wiederverwenden und leichter pflegen zu können, geht man heutzutage oft *objektorientiert* vor. Die zugehörigen Denkweisen werden im fünften Kapitel vorgestellt.

Informatik wird meist in *Schichten* unterteilt (vgl. Abschnitt 3.6). Von zentraler Bedeutung sind hierbei die Schichten, auf denen die Anwendungssysteme aufsetzen, also die Schichten, die Funktionen der Systemsteuerung (Betriebssysteme), höhere Programmiersprachen und Übersetzer, Datenbanken und die Verbindungen zu anderen Rechnern bereitstellen. Diese Bereiche zählen zur Praktischen Informatik. Deren Grundlagen werden in Kapitel sechs umrissen. Hiermit sind dann wichtige Begriffe und Gebiete der Informatik vorgestellt.

Die Starthilfe vermittelt den Einstieg in die Informatik, wie sie an Hochschulen gelehrt wird. Diese beruht auf einer umfangreichen Literatur, insbesondere aus Lehrbüchern und Originalartikeln, die in Fachzeitschriften veröffentlicht werden. Eine Liste solcher Veröffentlichungen findet sich am Ende des Buches. Insbesondere in den Kapiteln vier bis sechs ist die Einbindung in die Literatur unverzichtbar, da hier Leser und Leserinnen, die fortgeschrittene Themen genauer kennenlernen möchten, wertvolle Hinweise auf ausführlichere oder detailliertere Darstellungen erhalten. In den Text der letzten drei Kapitel sind daher regelmäßig Verweise auf Bücher und Artikel eingefügt, und am Ende dieser Kapitel findet sich jeweils ein kleiner Ausblick in die Literatur. Es wird empfohlen, sich diese Literatur in einer Bibliothek oder Bücherei anzusehen und ggf. das eine oder andere Werk anzuschaffen.

Zu diesem Buch existiert auch unter folgendem URL eine spezielle WWW-Seite: `http://www-is.informatik.uni-oldenburg.de/~dibo/starthilfe-informatik`.

Auf dieser Seite finden sich ergänzende Informationen, Korrekturen, Beispiele und nützliche Materialien zum Download.

Kapitel 2

Grundbegriffe

2.1 Vorbemerkung

Weltweite Kommunikation setzt eine einheitliche Sprache voraus. In der Wissenschaft wird immer stärker Englisch verwendet. Für die Beschreibung exakter Zusammenhänge sind natürliche Sprachen aber nicht geeignet. Hier werden Kalküle und künstliche Sprachen benutzt, die auf der Mengenschreibweise beruhen.

Unter einer *Menge* verstehen wir eine Zusammenfassung von unterscheidbaren Objekten zu einer Einheit. Die Objekte nennt man *Elemente* der Menge. Zur Darstellung listet man die Objekte zwischen geschweiften Klammern auf, durch „=" erhält die Menge einen Namen: $M = \{5, \text{abcw}, \#, ?\}$ ist also die Menge, die aus den vier Elementen „5", „abcw", „#" und „?" besteht und den Namen M trägt. Auf diese Weise kann man nur endliche Mengen beschreiben; das sind Mengen, deren Elementanzahl eine natürliche Zahl (aus $\mathbb{N}_0$) ist.

Ein Spezialfall ist die Menge, die kein Element besitzt. Sie wird als *leere Menge* bezeichnet und mit dem Symbol $\emptyset$ dargestellt.

Als bekannt vorausgesetzt werden die unendlich großen Mengen $\mathbb{N}_0$ der natürlichen, $\mathbb{Z}$ der ganzen, $\mathbb{Q}$ der rationalen und $\mathbb{R}$ der reellen Zahlen:
$\mathbb{N} = \{1, 2, 3, 4, \dots\}$, $\mathbb{N}_0 = \{0, 1, 2, 3, 4, \dots\}$, $\mathbb{Z} = \{\dots, -3, -2, -1, 0, 1, 2, 3, 4, \dots\}$,
$\mathbb{Q} = \{a/b \mid a \in \mathbb{Z}, b \in \mathbb{N}\}$ (meist verlangt man, daß a und b teilerfremd sind).

Die reellen Zahlen bilden das Kontinuum der Zahlengeraden; anschaulich gesprochen füllen sie also alle Löcher, die die rationalen Zahlen noch lassen, vollständig aus. Die Wurzel aus 2 und die Kreiszahl π sind z.B. keine rationalen, aber reelle Zahlen.

Man schreibt $m \in M$, bzw. $k \notin M$, wenn M eine Menge, m ein Element aus M und k kein Element aus M sind. Eine Menge N heißt *Teilmenge* von M (geschrieben $N \subseteq M$), wenn jedes Element von N zugleich Element von M ist. Die leere Menge $\emptyset$ ist Teilmenge jeder Menge. N heißt *echte Teilmenge* von M (geschrieben $N \subset M$), wenn N Teilmenge von M ist und es mindestens ein Element in M gibt, das nicht in N liegt.

Unendliche Mengen, aber auch endliche lassen sich durch eine Eigenschaft P darstellen: $\{x \mid P(x)\}$ ist die Menge aller Objekte x, die die Eigenschaft P erfüllen. Z. B. beschreibt die Menge $D = \{x \mid x \in \mathbb{R} \text{ und } 2.4 \leq x \leq 3.6\}$ genau das Intervall $[2.4, 3.6]$ der reellen Zahlen zwischen 2.4 und 3.6 einschließlich der Intervallgrenzen, und für eine Menge A ist $A^* = \{b_1 b_2 \ldots b_k \mid k \in \mathbb{N}_0, b_i \in A \text{ für } i = 1, 2, \ldots, k\}$ die Menge der Folgen von Elementen aus A.

Mit $|M|$ oder $\#M$ (genannt die *Mächtigkeit* von M) wird die Anzahl der Elemente von M bezeichnet. Im endlichen Fall ist dies eine natürliche Zahl $n \in \mathbb{N}_0$, im unendlichen Fall schreibt man meist nur das Symbol ∞ und ignoriert zunächst die Unterschiede zwischen der Mächtigkeit der natürlichen Zahlen, der reellen Zahlen und anderer unendlich großer Mengen.

Wenn M eine Menge ist, dann heißt die Menge aller Teilmengen von M, also die Menge $2^M = \{N \mid N \subseteq M\}$, die *Potenzmenge* von M.

Auf Mengen sind folgende Operationen definiert:
Vereinigung: Seien A und B Mengen, dann heißt
$$A \cup B = \{c \mid c \in A \text{ oder } c \in B\} \text{ die Vereinigung von } A \text{ und } B.$$
Durchschnitt: Seien A und B Mengen, dann heißt
$$A \cap B = \{c \mid c \in A \text{ und } c \in B\} \text{ der Durchschnitt von } A \text{ und } B.$$
Differenz: Seien A und B Mengen, dann heißt
$$A \setminus B = \{c \mid c \in A \text{ und } c \notin B\} \text{ die Differenz von } A \text{ und } B.$$
Symmetrische Differenz: Für zwei Mengen A und B ist dies die Menge
$$A \triangle B = (A \setminus B) \cup (B \setminus A) = \{c \mid c \text{ ist entweder in } A \text{ oder in } B\}.$$

Auf der Potenzmenge ist das *Komplement* einer Menge definiert: Sei N eine Teilmenge von M, dann heißt $\overline{N} = \{m \mid m \in M \text{ und } m \notin N\} = M \setminus N$ das Komplement der Menge N (relativ zur Menge M).

Kartesisches Produkt: Seien A und B Mengen, dann heißt die Menge der Paare

$$A \times B = \{(a, b) \mid a \in A \text{ und } b \in B\}$$

das (kartesische) Produkt von A und B.

Dies kann man auf beliebig viele Mengen verallgemeinern: Sei n eine natürliche Zahl und seien A_i Mengen für $i = 1, 2, \ldots, n$, dann heißt die Menge der n-Tupel

$$A_1 \times A_2 \times \ldots \times A_n = \{(a_1, a_2, \ldots, a_n) \mid a_1 \in A_1, a_2 \in A_2 \text{ und } \ldots \text{ und } a_n \in A_n\}$$

das (kartesische) Produkt der Mengen A_1 bis A_n. Jede Teilmenge $R \subseteq A_1 \times \ldots \times A_n$ heißt n-stellige *Relation* (in dem oft auftretenden Fall $n = 2$ spricht man von einer *binären Relation*). Viele Datenbanken basieren auf Relationen.

Eine spezielle binäre Relation ist die *partielle Abbildung*. Eine partielle Abbildung f ordnet jedem Element einer Menge A höchstens ein Element einer Menge B zu, Schreibweise: $f : A \to_p B$. Eine partielle Abbildung ist also eine Relation $R \subseteq A \times B$ mit der Eigenschaft: Wenn (a, b) und (a, b') in R liegen, dann muß $b = b'$ sein. Man spricht von einer *Abbildung* oder auch von einer *totalen Abbildung*, wenn jedem Element aus A genau ein Element aus B zugeordnet ist, wenn also gilt, daß zu jedem

$a \in A$ genau ein $b \in B$ mit $(a, b) \in R$ existiert. Schreibweise: $f : A \to B$. In gleicher Weise lassen sich Abbildungen von $A_1 \times A_2 \ldots \times A_n$ nach B definieren.

Ist B ein Zahlenbereich (z.B. $B = \mathbb{R}$), dann nennt man eine Abbildung auch eine *Funktion*. Allerdings wird der Begriff „Funktion" oft gleichbedeutend zu „Abbildung" verwendet.

Spezielle Funktionen sind die *Permutationen*, die nur eine Umordnung der ersten n Zahlen darstellen. Es sei $\underline{n} = \{1, 2, \ldots, n\}$ die Menge der ersten n natürlichen Zahlen. Dann heißt eine (totale) Abbildung $f : \underline{n} \to \underline{n}$ eine Permutation, wenn aus $a \neq b$ stets auch $f(a) \neq f(b)$ folgt. Das Sortierproblem läßt sich beispielsweise mit Permutationen leicht definieren: Zu einer Folge von n Zahlen $z_1, z_2, \ldots, z_n$ wird die Permutation $\pi : \underline{n} \to \underline{n}$ gesucht, für die $z_{\pi(1)} \leq z_{\pi(2)} \leq \cdots \leq z_{\pi(n)}$ gilt.

Nach dieser Vorbemerkung über einige elementare Begriffe aus der Mengenlehre wollen wir uns nun den für die Informatik benötigten Grundbegriffen zuwenden.

2.2   Information

Informationen sind Nachrichten, die eine Bedeutung besitzen. *Nachrichten* sind Folgen von Signalen. *Signale* können kontinuierlich oder Zeichen sein. Informationen werden dementsprechend in zwei große Klassen eingeteilt: kontinuierlich und diskret dargestellte Informationen. Töne, Musik, elektrische Ströme, Bilder usw. sind in der Regel kontinuierlich aufgebaut, d.h., sie werden mit reellen Zahlen beschrieben. In einem elektrischen Gerät, das für elektrische Ströme mindestens der Stärke *min* und höchstens der Stärke *max* gebaut ist, läßt sich jeder Strom der Stärke s aus dem reellen Intervall $[min, max]$ stufenlos durch Auf- und Abdrehen von Widerständen einstellen. Das gleiche gilt für die Lautstärke beim Sprechen, die Geschwindigkeit eines Verkehrsmittels, die Farbübergänge beim Regenbogen usw.

Diskret dagegen sind die Schrift, die Signale einer Ampel oder die Notengebung auf Zeugnissen. Sie basieren auf einem endlichen Zeichensatz[1], also einer Menge von n gut unterscheidbaren *Zeichen* $A = \{a_1, a_2, \ldots, a_n\}$ für eine natürliche Zahl n. Bekannte Zeichensätze sind die 26 bzw. 52 Buchstaben des lateinischen Alphabets, die Menge $\{0, 1\}$ zur binären Darstellung, die Menge der alphanumerischen Zeichen auf einer Tastatur, wie sie für Computer gebräuchlich ist, oder die Menge {grün, gelb, rot, rot-gelb, gelb-blinkend}, die für Verkehrsampeln verwendet wird. Eine Folge von Zeichen aus A nennt man ein *Wort* über A. Beispiele sind die geschriebenen Wörter einer Sprache, eine Folge von Nullen und Einsen, z.B. 01100010100, oder die Signalfolge grün gelb rot rot-gelb grün.

Heutige Computer verarbeiten diskrete Informationen. Man nennt sie auch *Digitalrechner*; das sind Rechner, die klar unterscheidbare Zeichen bearbeiten. Die meisten

---

[1]Dies ist eine Einschränkung des üblichen Begriffs „diskret", der auch abzählbar unendliche Mengen umfaßt, also unendliche Mengen, deren Elemente sich mit den natürlichen Zahlen durchnumerieren lassen.

Rechner verarbeiten nur die Zeichen 0 und 1, allerdings kann jeder andere Zeichensatz eindeutig durch Folgen (Wörter) aus Nullen und Einsen dargestellt werden, z.B. die Menge {grün, gelb, rot, rot-gelb, gelb-blinkend} durch {000, 001, 010, 011, 100}. Ein Wort über {0, 1}, das aus vier Zeichen besteht, heißt *Tetrade*, ein Wort aus 8 Zeichen heißt *Byte*. Es gibt $2^8 = 256$ verschiedene Wörter aus acht Nullen und Einsen: 00000000, 00000001, 00000010, ... , 11111111. Daher kann man mit Bytes ein Alphabet aus 256 Zeichen codieren. Weniger als die Hälfte reicht aus, um alle Zeichen, die für eine europäische Schriftsprache gebraucht werden, darzustellen: im Deutschen 58 Groß- und Kleinbuchstaben (einschließlich der Umlaute), ein ß, 10 Ziffern, 10 Satzzeichen (:, ?, " usw.) und rund 24 Sonderzeichen (§, +, =, diverse Klammern usw.). Dies erklärt, warum das Byte den meisten Rechnern als Maßeinheit zugrunde gelegt wird.

Definition 1 Ein *Alphabet* A ist eine endliche Menge $A = \{a_1, a_2, \ldots, a_n\}$. Die Elemente von A heißen *Zeichen* oder *Buchstaben*. Oft gibt man auf einem Alphabet noch eine Anordnung vor, d.h. es soll $a_1 < a_2 < \ldots < a_n$ gelten.

Definition 2 Es sei A ein Alphabet.
Die Menge $A^* = \{b_1 b_2 \ldots b_m \mid m \in \mathbb{N}_0, b_i \in A \text{ für } i = 1, 2, \ldots, m\}$ heißt *Menge der Wörter* über A. Jedes Element aus A^* heißt *Wort*. Das Wort für $m = 0$ wird *leeres Wort* genannt und mit ε bezeichnet. Sei $u = b_1 b_2 \ldots b_m$; die Zahl m heißt die Länge des Wortes u und wird mit $|u|$ bezeichnet.

In der Informatik wird oft die Menge der Folgen aus Nullen und Einsen betrachtet, also folgende Menge der Wörter über {0, 1}:

$$\{0, 1\}^* = \{\varepsilon, 0, 1, 00, 01, 10, 11, 000, 001, 010, 011, 100, 101, 110, 111, 0000, \ldots\}.$$

Auf der Menge von Wörtern kann man Operationen ausführen. Die wichtigste Operation ist das Aneinanderfügen $\circ : A^* \times A^* \to A^*$. Seien $u = b_1 b_2 \ldots b_m$ und $v = d_1 d_2 \ldots d_r$ zwei Wörter über A, dann setze $u \circ v = b_1 b_2 \ldots b_m d_1 d_2 \ldots d_r$, d.h. $u \circ v$ ist das Wort der Länge $m + r$, das aus u durch Anhängen von v entsteht. Es gilt $u \circ \varepsilon = u = \varepsilon \circ u$ für alle Wörter u. In der deutschen Sprache werden auf diese Weise die Komposita gebildet: SCHLOSS $\circ$ TÜR = SCHLOSSTÜR. Dies ist verschieden von TÜR $\circ$ SCHLOSS = TÜRSCHLOSS, woraus man unmittelbar erkennt, daß im allgemeinen $u \circ v \neq v \circ u$ ist.

Weitere Operationen sind head : $A^* \to_p A$ und tail : $A^* \to A^*$. Für jedes Wort $u = b_1 b_2 \ldots b_m$ setze head$(u) = b_1$, sofern $m > 0$ ist; anderenfalls ist head nicht definiert. head liefert also den ersten Buchstaben eines Wortes, falls dieses Wort nicht leer ist. Für jedes Wort $u = b_1 b_2 \ldots b_m$ setze tail$(u) = b_2 \ldots b_m$, sofern $m > 0$ ist, und tail$(\varepsilon) = \varepsilon$. tail$(u)$ entfernt also den ersten Buchstaben von u.

Wörter sind sehr einfach strukturierte Informationen. In der Regel werden Informationen mit komplizierteren Strukturen versehen. Diese werden in Abschnitt 3.2

erläutert und in Kapitel 4 vertieft. Dort wird auch klar, daß Informationen im Sinne der Informationsverarbeitung zunächst ohne eine Bedeutung sind (solche Informationen nennen wir *Daten*), daß aber auf die Bedeutung durch ihre Struktur und die Art der weiteren Verarbeitung geschlossen werden kann. Daten können und müssen dargestellt, gespeichert, bearbeitet und übertragen werden; manche ihrer Eigenschaften (wie Anzahl, Dauer der Bearbeitung, Komprimierung der Darstellung) lassen sich messen; ihre Nutzung und die Auswirkungen ihrer Nutzung unterliegen zusätzlich juristischen Beschränkungen (durch den Datenschutz sollen vor allem diejenigen, auf die sich Daten beziehen, und nicht die Daten selbst geschützt werden).

2.3 Aussagen

Unser Ziel ist es, Verfahren und Abläufe zu beschreiben, diese miteinander zu koppeln und zu umfangreichen Systemen zusammenzubauen. Zur Illustration betrachten wir die Anmeldung eines Kraftfahrzeugs. Hierfür werden der Kfz-Brief und ein Personalausweis benötigt, und die Öffnungszeiten der Behörde sind zu beachten. Eventuell muß zuvor eine Überprüfung (TÜV) des Fahrzeugs erfolgen. Den Ablauf notieren wir mit Hilfe eines *Ablaufplans* (Abb. 2.1), wobei Bedingungen in Rauten und Handlungen in Rechtecken aufgeschrieben werden.

Das Beispiel zeigt: Wir benötigen Bedingungen (Aussagen, Boolesche Ausdrücke), Handlungen (Aktionen, Anweisungen), Dokumente (Daten) und ein Ablaufschema (Kontrollstruktur). In diesem Abschnitt behandeln wir die Bedingungen.

Eine *Bedingung* oder eine *Aussage* ist eine präzise Formulierung, der man genau einen der Wahrheitswerte wahr oder falsch zuordnen kann. Aussagen können mit Hilfe von Klammern und der Operatoren and, or und not zu neuen Aussagen verknüpft werden (diese werden im Abschnitt 2.4 präzise definiert).

Beispiele: Das Auto hat vier Räder. Der rechte Blinker ist defekt. Das Ulmer Münster ist 161 Meter hoch. Der Eiffelturm steht in Brüssel. 18 ist größer als 33.

Hieraus lassen sich neue Aussagen bilden: Das Auto hat vier Räder und der Eiffelturm steht in Brüssel. Das Ulmer Münster ist 161 Meter hoch oder (18 ist nicht größer als 33 und der rechte Blinker ist defekt).

(Statt „und" schreiben wir im folgenden and, statt „oder" or und statt „nicht" not.)

Definition 3 Es sei eine Menge $\mathcal{E}$ „elementarer" Aussagen gegeben. Dann ist die Menge $\mathcal{A}$ der *Aussagen* über $\mathcal{E}$ definiert als die kleinste Menge mit folgenden Eigenschaften:

(1) $A \in \mathcal{E}$, dann gilt auch $A \in \mathcal{A}$.

(2) Ist $A \in \mathcal{A}$, dann ist auch not $A \in \mathcal{A}$.

(3) Sind A_1 und A_2 aus $\mathcal{A}$, dann sind auch (A_1 and A_2) und (A_1 or A_2) aus $\mathcal{A}$.

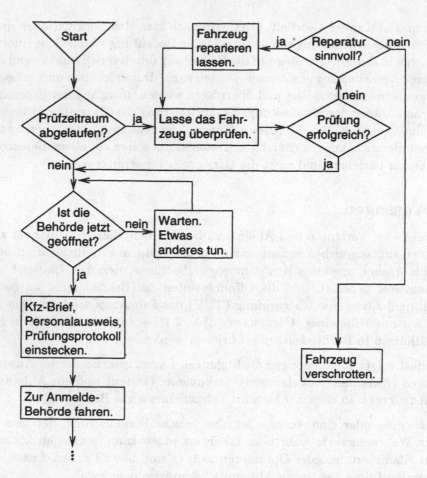

Abbildung 2.1: Ausschnitt aus einer Kfz-Anmeldung

Als Menge $\mathcal{E}$ wird oft die Menge der *Vergleiche* von Zahlen verwendet, also

$$\mathcal{E} \;=\; \{x \; op \; y \mid x, y \text{ sind Variablen oder Zahlen oder arithmetische Ausdrücke,}$$
$$\text{und } op \text{ ist ein Vergleichsoperator, d.h. } op \in \{=, \neq, <, \leq, >, \geq\}\}$$

Beispiele von Aussagen über der Menge der Vergleiche sind also:
$3 = 3$, $4 > 16$, $(5 + 3 = 8$ and $6 < 12)$,
$((\text{not } 3 = 4 \text{ and } 1 + 2 < 6 - 1) \text{ or } (3 + 6 \neq 5 \text{ or } 2 = 2))$.

Hinweise: Jeder Aussage der Menge $\mathcal{E}$ ist ein Wahrheitswert zugeordnet. Durch Negieren (not), Verknüpfung mit „und" (and), sowie mit „oder" (or; dies ist kein Entweder-Oder) erhalten zusammengesetzte Aussagen in offensichtlicher Weise ebenfalls einen Wahrheitswert zugeordnet. Die obigen vier Aussagen über der Menge der Vergleiche besitzen die Wahrheitswerte wahr, falsch, wahr, wahr.

2.4 Einige mathematische Grundlagen

Wir behandeln in diesem Abschnitt *Zahldarstellungen*, einige Funktionen und Abschätzung von Größenordnungen.

Zahlen stellen wir üblicherweise dezimal, also zur Basis 10, dar, wobei die Null durch 0 beschrieben wird und ansonsten führende Nullen verboten sind. Die Ziffernfolge 6701 bezeichnet daher die Zahl $(6701)_{10} = 6 \cdot 10^3 + 7 \cdot 10^2 + 0 \cdot 10^1 + 1 \cdot 10^0$. Statt der Basis 10 kann man jede andere Zahl $b \in \mathbb{N}, b \geq 2$ verwenden; als Ziffern muß man die Zeichen $0, 1, \dots, b-1$ verwenden. Die Ziffernfolge 6701 zur Basis 8 bezeichnet also die Zahl $(6701)_8 = 6 \cdot 8^3 + 7 \cdot 8^2 + 0 \cdot 8^1 + 1 \cdot 8^0 = (3521)_{10}$. Es gilt: Wenn $b \geq 2$ ist, dann läßt sich jede Zahl $a \in \mathbb{N}_0$ eindeutig mit der Ziffernmenge $\{0, 1, \dots, b-1\}$ darstellen. Für die Datenverarbeitung ist die (bereits von Leibniz 1697 gefundene) Zahldarstellung zur Basis 2, die sog. *binäre Darstellung*, von zentraler Bedeutung. Hier gibt es nur die beiden Ziffern 0 und 1. Die Ziffernfolge 101 bezeichnet also die Zahl $(101)_2 = 1 \cdot 2^2 + 0 \cdot 2^1 + 1 \cdot 2^0 = (5)_{10}$, die Ziffernfolge 101110011 bezeichnet $(371)_{10}$. Die Umrechnung zwischen Darstellungen zu verschiedenen Basen ist recht einfach. Sei eine natürliche Zahl a gegeben. Die Ziffernfolge $z_{n-1}z_{n-2}\cdots z_1 z_0$ zur Basis 2 für eine gegebene Zahl a liefert folgendes Verfahren (die genaue Bedeutung der Sprachelemente wird in Abschnitt 3.1.2 angegeben):

```
i := 0; z[i] := 0;
while a ≠ 0 do z[i] := a mod 2; a := a div 2; i := i + 1 od
```

Ersetzt man 2 durch b, so erhält man die Ziffernfolge zur Basis b.

Ziffernfolgen aus Nullen und Einsen sind Wörter aus $\{0,1\}^*$, vgl. Def. 2. Bzgl. der Menge $\mathbb{B} = \{0,1\}$ braucht man oft die folgenden sechs Funktionen not : $\mathbb{B} \to \mathbb{B}$ und and, or, impl, equiv, exor : $\mathbb{B} \times \mathbb{B} \to \mathbb{B}$, die durch ihre Wertetabellen definiert sind:

x	not x	and	0	1	or	0	1	impl	0	1	equiv	0	1	exor	0	1
0	1	0	0	0	0	0	1	0	1	1	0	1	0	0	0	1
1	0	1	0	1	1	1	1	1	0	1	1	0	1	1	1	0

Statt $\{0,1\}$ verwendet man auch $\{$falsch, wahr$\}$ oder $\{$false, true$\}$ und nennt die Menge $\mathbb{B}$ die Menge der Wahrheitswerte. Die Funktionen not, and und or entsprechen genau den Operatoren in Aussagen, vgl. Abschnitt 2.3.

Da in Rechnern Folgen von Nullen und Einsen, sog. *Bitfolgen* (man bezeichnet ein Element aus $\{0,1\}$ manchmal auch als ein Bit), verarbeitet werden, setzt man die obigen sechs Funktionen auch auf Bitfolgen gleicher Länge komponentenweise fort. Zum Beispiel: not(10111) $= 01000$, not(11) $= 00$, and(110, 011) $= 010$, exor(11101, 10000) $= 01101$, impl(100111, 001110) $= 011110$.

Häufig auftretende Funktionen sind Polynome, Exponentialfunktionen, Logarithmen und einige weitere Funktionen.

Polynome: Sie besitzen die Form (für eine Variable X und ein $n \in \mathbb{N}_0$):

$$p(X) \;=\; a_n X^n + a_{n-1} X^{n-1} + \ldots + a_1 X + a_0$$

Außer im Falle $p(X) \equiv 0$ (Nullpolynom) verlangt man: $a_n \neq 0$. n heißt dann *Grad* des Polynoms p. Die Werte $a_n, \ldots, a_0$ sind meist aus einem Zahlbereich, also aus $\mathbb{N}_0$, $\mathbb{Z}$ oder $\mathbb{R}$. Polynome vom Grad 1 heißen auch linear.

Polynome kann man leicht addieren, z. B. $(3x^2 + 2x - 3) + (4x^3 - 2x^2 + 1) = (4x^3 + x^2 + 2x - 2)$. Die Multiplikation von $p(x) = a_n x^n + \ldots + a_0$ mit $q(x) = b_m x^m + \ldots + b_0$ liefert

$$a_n \cdot b_m \cdot x^{n+m} + (a_{n-1} \cdot b_m + a_n \cdot b_{m-1}) \cdot x^{n+m-1} + \ldots + a_0 \cdot b_0$$

$$= \sum_{k=0}^{n+m} x^k \cdot \left(\sum_{i+j=k} a_i \cdot b_j \right) \;=\; p(x) \cdot q(x),$$

also ein Polynom vom Grad $n + m$.

Exponentialfunktionen: Sie enthalten als dominierenden Teil ein Glied k^x oder y^x für eine Zahl $k > 1$ und für Variablen x und y. Diese Funktionen zeigen ein starkes Wachstum, deutlich stärker als Polynome. Sie lassen sich bei gleicher Grundzahl leicht multiplizieren: $k^x \cdot k^y = k^{x+y}$.

Logarithmen: Sie bilden die Umkehrfunktionen zur Exponentialfunktion. Es gilt für $a > 0$ und eine Zahl $r \in \mathbb{R}$ mit $r > 1$: $\log_r(a) = x$ genau dann, wenn $r^x = a$ ist. Beispiele: $\log_2(64) = 6$, $\log_{10}(64) = 1{,}8062\ldots$, $\log_{10}(0{,}1497) = -0{,}8248\ldots$, $\log_3(6561) = 8$. Es gilt für alle Logarithmen $\log(a \cdot b) = \log(a) + \log(b)$, sowie $\log_r(a) = \log_r(m) \cdot \log_m(a)$. Alle Logarithmen lassen sich also durch die Multiplikation mit einer Konstanten ($\log_r(m)$) ineinander überführen!

Größenordnungen: Um Funktionen miteinander zu vergleichen, wird das Verhalten zweier Funktionen $f(x)$ und $g(x)$ für sehr große Werte von x (also für den Fall, daß x gegen ∞ strebt, in Zeichen: $x \to \infty$) untersucht. Die Funktion $f_1(x) = x^2$ wächst stärker als $g_1(x) = \sqrt{x} = x^{1/2}$, was man schon am Quotienten $\frac{f_1(x)}{g_1(x)} = x^{3/2}$ erkennt. Dagegen wachsen die Funktion $f_2(x) = x + \sqrt{x}$ und $g_2(x) = x + \frac{1}{x}$ für sehr große x annähernd gleich. Der Quotient liefert

$$\frac{f_2(x)}{g_2(x)} \;=\; \frac{x + \sqrt{x}}{x + \frac{1}{x}} \;=\; \frac{x}{x + \frac{1}{x}} + \frac{\sqrt{x}}{x + \frac{1}{x}} \;=\; \frac{1}{1 + \frac{1}{x^2}} + \frac{1}{\sqrt{x} + \frac{1}{x \cdot \sqrt{x}}}$$

Für $x \to \infty$ geht der erste Summand gegen 1 und der zweite gegen 0, so daß f_2 und g_2 ein ähnliches Verhalten für sehr große x aufweisen. Man definiert für eine Funktion f die Menge $O(f)$ aller Funktionen, die bis auf eine Konstante für große x höchstens so rasch wachsen wie f; $\Omega(f)$ sind die, die mindestens so rasch wachsen.

Definition 4 Sei $f : \mathbb{R} \to \mathbb{R}$ (oder $f : \mathbb{N} \to \mathbb{N}$) eine Funktion.

$$O(f) := \{g : \mathbb{R} \to \mathbb{R} \mid \text{ es gibt ein } k \in \mathbb{R} \text{ und ein } n \in \mathbb{R} \text{ mit } k > 0, n > 0,$$
$$\text{so daß für alle } x > n \text{ gilt } g(x) \le k \cdot f(x)\},$$

$$\Omega(f) := \{h : \mathbb{R} \to \mathbb{R} \mid \text{ es gibt ein } j \in \mathbb{R} \text{ und ein } n \in \mathbb{R} \text{ mit } j > 0, n > 0,$$
$$\text{so daß für alle } x > n \text{ gilt } f(x) \le k \cdot h(x)\},$$

$$\Theta(f) := O(f) \cap \Omega(f).$$

(Aussprache: Groß-O von f, Groß-Omega von f, Groß-Theta von f.)

Für die oben angegebenen Funktionen gilt also $g_1 \in O(f_1)$, $f_1 \in \Omega(g_1)$, $f_2 \in \Theta(g_2)$. Man beachte: $f \in \Theta(g)$ ist gleichbedeutend damit, daß $g \in \Theta(f)$ ist, und dies ist gleichbedeutend mit $\Theta(f) = \Theta(g)$. Wenn $g \in O(f)$ ist, so sagt man, *g ist höchstens von der Größenordnung f*. Es läßt sich leicht zeigen: Für alle Polynome $p \ne 0$ vom Grad n gilt: $O(p) = O(x^n)$, für alle Polynome p und alle $k > 1$: $O(p) \subsetneq O(k^x)$, für alle $r, m \ge 2$: $O(\log_r(x)) = O(\log_m(x))$ und $O(\log_r(x)) \subsetneq O(p(x))$, sofern p mindestens vom Grad 1 ist. Gilt $g \in O(a \cdot x + b) = O(x)$, so sagt man, g sei höchstens *linear* oder g hat höchstens ein lineares Wachstum.

In $\mathbb{Z}$ verwendet man die ganzzahlige Division (div) und den Rest bei dieser Division (mod). Für alle $a \in \mathbb{Z}$ und $b \in \mathbb{Z}$ mit $b \ge 1$ sind $q := a \operatorname{div} b$ und $r := a \operatorname{mod} b$ die beiden ganzen Zahlen, die eindeutig durch $a = q \cdot b + r$ mit $0 \le r < b$ bestimmt sind. Beispiele: $37 \operatorname{div} 4 = 9$, $37 \operatorname{mod} 4 = 1$, $16 \operatorname{div} 1 = 16$, $16 \operatorname{mod} 1 = 0$, $(-2) \operatorname{div} 4 = -1$, $(-2) \operatorname{mod} 4 = 2$. Aussprache: $a \operatorname{div} b$ heißt „a ganzzahlig dividiert durch b" und $a \operatorname{mod} b$ heißt „a modulo b".

Die Funktion *fak* : $\mathbb{N}_0 \to \mathbb{N}_0$ (abgekürzt durch ein Ausrufezeichen) mit $fak(n) = 1 \cdot 2 \cdot \ldots \cdot n = \prod_{i=1}^{n} i = n!$ (mit $fak(0) = 1$) heißt *Fakultätsfunktion*. Sie tritt in der Informatik oft auf, da es genau $n!$ Permutationen der Zahlen 1 bis n gibt. Der schottische Mathematiker Stirling zeigte bereits 1730, daß $n! \approx n^n \cdot e^{-n} \cdot \sqrt{2\pi n}$ ist, so daß also $n! \in \Theta((\frac{n}{e})^{n+\frac{1}{2}})$ gilt. Hierbei sind $\pi = 3{,}14159265358979\ldots$ die Kreiszahl und $e = 2{,}718281828459\ldots$ die Basiszahl für den natürlichen Logarithmus. Es gilt: $e = \sum_{k=0}^{\infty} \frac{1}{k!} = 1 + 1 + \frac{1}{2} + \frac{1}{6} + \frac{1}{24} + \frac{1}{120} + \ldots$.

Um von den reellen zu den ganzen Zahlen übergehen zu können, verwendet man die untere und die obere *Gaußklammer*. Für $r \in \mathbb{R}$ sei

$$\lfloor r \rfloor = \text{die größte ganze Zahl, die kleiner oder gleich } r \text{ ist,}$$
$$\lceil r \rceil = \text{die kleinste ganze Zahl, die größer oder gleich } r \text{ ist.}$$

Beispiele: $\lfloor 4 \rfloor = 4$, $\lfloor 2{,}5 \rfloor = 2$, $\lfloor \pi \rfloor = 3$, $\lfloor -6{,}32 \rfloor = -7$, $\lceil 4 \rceil = 4$, $\lceil 2{,}5 \rceil = 3$, $\lceil \pi \rceil = 4$, $\lceil -6{,}32 \rceil = -6$.

Hinweis 1: Der Logarithmus zur Basis 2 einer binär dargestellten Zahl unterscheidet sich von der Länge der Binärdarstellung (= Länge des Wortes, siehe Def. 2) höchstens um 1. Zum Beispiel ist $\log_2(83) \approx 6{,}375$, $(83)_{10} = 1010011$ in binärer Darstellung und $|1010011| = 7$. Der Logarithmus von Zahlen ist also stets in der Größenordnung der Länge ihrer Darstellung zu einer Basis $b \geq 2$.

Hinweis 2: Der Logarithmus kommt bei wiederholten gleichmäßigen Unterteilungen ins Spiel. Sucht man z. B. eine Zahl a zwischen 0 und 1.000.000, so prüft man, ob $a > 500.000$ ist. Falls ja, so sucht man im Intervall von 500.001 bis 1.000.000 weiter, anderenfalls im Intervall von 0 bis 500.000. Dieses wiederholt man mit dem gewählten halb so großen Intervall (sog. *Intervallschachtelung*). Da in jedem Schritt das Such-Intervall halbiert wird, muß man die Zahl nach spätestens n Schritten gefunden haben, wobei n durch $2^n \leq 1.000.000 < 2^{n+1}$, also $n = \lceil \log_2(1.000.000) \rceil = 20$ gegeben ist.

Hinweis 3: Der natürliche Logarithmus verhält sich wie $\sum_{i=1}^{n} \frac{1}{i}$. Es gilt $\log_e(n) \approx 1 + \frac{1}{2} + \frac{1}{3} + \ldots + \frac{1}{n} - 0{,}5772156649$.

Hinweis 4: Die Größenordnungen werden für zeitliche und räumliche Abschätzungen benötigt. Will man z. B. in einer Bitfolge der Länge n feststellen, ob in ihr mindestens eine 0 vorkommt, so wird man zunächst das erste, dann das zweite, dann das dritte Zeichen usw. ansehen und auf 0 prüfen; tritt eine 0 auf, so bricht man ab, anderenfalls endet das Verfahren nach n Schritten. Dieses Verfahren benötigt also im schlimmsten Fall n Schritte, im günstigsten Fall nur einen Schritt. Wie viele Schritte benötigt man im Schnitt, wenn alle Bitfolgen gleichwahrscheinlich sind? In 50% der Fälle (also mit Wahrscheinlichkeit $\frac{1}{2}$) ist das erste Zeichen eine 0, und man ist nach einem Schritt fertig. Mit Wahrscheinlichkeit $\frac{1}{4}$ beginnt die Bitfolge mit 10, und man ist nach zwei Schritten fertig usw. Im Mittel braucht man also

$$1 \cdot \frac{1}{2} + 2 \cdot \frac{1}{4} + 3 \cdot \frac{1}{8} + 4 \cdot \frac{1}{16} + \ldots + n \cdot \frac{1}{2^n} = \sum_{i=1}^{n} \frac{i}{2^i}$$

Schritte. Es gilt:

$$\sum_{i=1}^{n} \frac{i}{2^i} = \sum_{i=1}^{n} \frac{i-1}{2^i} + \sum_{i=1}^{n} \frac{1}{2^i} = \frac{1}{2} \cdot \sum_{i=0}^{n-1} \frac{i}{2^i} + 1 - \frac{1}{2^n}$$

$$= \frac{1}{2} \cdot \sum_{i=1}^{n} \frac{i}{2^i} - \frac{1}{2} \cdot \frac{n}{2^n} + 1 - \frac{1}{2^n}$$

Also folgt: Im Schnitt werden

$$\sum_{i=1}^{n} \frac{i}{2^i} = 2 - \frac{(n+1)}{2^n} \approx 2 \qquad \text{Schritte benötigt.}$$

Jeder Bitfolge $c_1 c_2 \ldots c_n \in \{0,1\}^*$ kann man bezüglich dieses Verfahrens eindeutig die Anzahl der Schritte $\tilde{t}(c_1 \ldots c_n) \in \{1,2,\ldots,n\}$ zuordnen. Dies ist aber oft zu aufwendig. Stattdessen betrachtet man Abbildungen $t : \mathbb{N}_0 \to \mathbb{N}_0$:

(a) schlimmster Fall (*worst case*):

$$t_{worst}(n) \;=\; \text{Max}\{\tilde{t}(c_1 \ldots c_n) \mid c_1 \ldots c_n \in \{0,1\}^*\}$$

(b) durchschnittlicher Fall (*average case*):

$$t_{average}(n) \;=\; \frac{1}{\#\{c_1 \ldots c_n \mid c_i \in \{0,1\}\}} \sum_{c_1 \ldots c_n \in \{0,1\}^*} \tilde{t}(c_1 \ldots c_n)$$

(c) bester Fall (*best case*):

$$t_{best}(n) \;=\; \text{Min}\{\tilde{t}(c_1 \ldots c_n) \mid c_1 \ldots c_n \in \{0,1\}^*\}$$

Meist wird der worst case abgeschätzt, vgl. Kapitel 3.1 und 4.

2.5 Backus-Naur-Form

Um Daten und Abläufe darzustellen, werden (künstliche) Sprachen verwendet. Diese müssen präzise definiert werden. Seit 1958 werden hierfür die BNF (Backus-Naur-Form, benannt nach den zwei Informatikern Backus(USA) und Naur(Dänemark), die in den 1950-er Jahren wesentlichen Anteil an der Entwicklung der Programmiersprache ALGOL hatten) und Erweiterungen hiervon benutzt. Wir erläutern dies an einem Beispiel. Wir möchten die Menge der binären Palindrome beschreiben. Ein *Palindrom* ist ein Wort, das vorwärts und rückwärts gelesen gleich ist. Im Deutschen sind RENTNER, OTTO und REITTIER zu NENNEN; im Englischen wird gerne der Satz „MADAM I'M ADAM" zitiert, quasi die erste Äußerung im Paradies. Beispiele bei Bitfolgen sind 00, 11011, 10100101. Um alle Palindrome über $\{0,1\} = \Sigma$ zu erzeugen, schreiben wir:

$$S \;::= \; 0S0 \mid 1S1 \mid \varepsilon \mid 0 \mid 1 \qquad \text{(statt ::= schreibt man auch ,,}\rightarrow\text{",}$$

$$\text{das Zeichen ::= spricht man ,,doppel-doppelpunkt-gleich" aus)}$$

Hierbei ist S ein neues Zeichen (das „Startzeichen"). Wir beginnen mit diesem Startzeichen, und wo immer wir in dem vorliegenden Wort das Zeichen S entdecken, dürfen wir es durch $0S0$ oder durch $1S1$ oder durch das leere Wort ε oder durch 0 oder durch 1 ersetzen. Eine solche aufeinander folgende Kette von Ersetzungen lautet („$\Rightarrow$" liefert das Ergebnis der Ersetzung):

$$S \;\Rightarrow\; 0S0 \;\Rightarrow\; 00S00 \;\Rightarrow\; 001S100 \;\Rightarrow\; 0011100 \,.$$

Andere Ersetzungsketten lauten:

$$S \;\Rightarrow\; 1S1 \;\Rightarrow\; 101 \,, \qquad S \;\Rightarrow\; 1 \,,$$
$$S \;\Rightarrow\; 1S1 \;\Rightarrow\; 11S11 \;\Rightarrow\; 11011 \,.$$

Man erkennt rasch, daß hierbei tatsächlich genau alle Palindrome aus $\{0,1\}^*$ erzeugt werden können!

Definition 5 Eine *Backus-Naur-Form* (BNF) besteht aus V, Σ, S und Ersetzungsregeln: Es sind zwei Alphabete anzugeben, das Alphabet der Nichtterminalzeichen V, zu dem auch das Startzeichen S gehört, und das Alphabet Σ der Terminalzeichen. Dann ist für jedes Nichtterminalzeichen $A \in V$ festzulegen, durch welche Zeichenfolgen $u_1, \ldots, u_k$ es ersetzt werden darf; dies geschieht in der Form

$$A \ ::= \ u_1 \mid u_2 \mid \ldots \mid u_k \,.$$

Für die Erzeugung von Zeichenfolgen beginnt man mit dem Startzeichen S und ersetzt schrittweise jeweils ein Nichtterminalzeichen entsprechend der Regeln. Die von der BNF erzeugten Zeichenfolgen (Wörter) sind genau die Wörter über Σ, die auf diese Weise aus S hergeleitet werden können. Wichtig ist, daß in einem hergeleiteten Wort kein Nichtterminalzeichen mehr auftreten darf.

Arithmetische Ausdrücke mit Klammern und den Operatoren Addition „$+$" und Multiplikation „$*$", die statt der Operanden nur das Zeichen a besitzen, werden durch folgende BNF erzeugt: $V = \{S\}$, $\Sigma = \{(,), +, *, a\}$ und den Regeln

$$S \ ::= \ a \mid (S + S) \mid (S * S) \,.$$

Zwei Herleitungen von korrekt geklammerten Ausdrücken:

$$
\begin{aligned}
S \ &\Rightarrow \ (S + S) \ \Rightarrow \ (a + S) \ \Rightarrow \ (a + a) \,, \\
S \ &\Rightarrow \ (S + S) \ \Rightarrow \ ((S * S) + S) \ \Rightarrow \ ((a * S) + S) \ \Rightarrow \ ((a * S) + a) \\
&\Rightarrow \ ((a * (S + S)) + a) \ \Rightarrow \ ((a * (a + S)) + a) \ \Rightarrow \ ((a * (a + a)) + a) \,.
\end{aligned}
$$

Mit dieser BNF werden nur vollständig geklammerte arithmetische Ausdrücke erzeugt. Mit Hilfe anderer BNF lassen sich alle üblichen Ausdrücke erzeugen. Weiterhin lassen sich Zahlen erzeugen, Programmiersprachen beschreiben, aber auch syntaktisch korrekte Sätze natürlicher Sprachen herleiten, vgl. Abschnitt 3.1.3.

Hinweis: Eine BNF bezeichnet man auch als kontextfreie Grammatik. Grammatiken $G = (V, \Sigma, P, S)$ sind Verallgemeinerungen der BNF; sie bestehen ebenfalls aus einem Alphabet V von Nichtterminalzeichen, einem Startzeichen $S \in V$ und einem Terminalalphabet Σ. Ihre Regeln aus der Regelmenge P, auch Produktionen genannt, sind von der Form $u \to v$ mit $u, v \in (V \cup \Sigma)^*$, wobei u mindestens ein Nichtterminalzeichen enthalten muß. Die Bedeutung ist, daß das Teilwort u in einem bereits aus S hergeleiteten Wort durch v ersetzt werden darf. Der Fall, daß $u \in V$ für jede Regel $u \to v \in P$ gilt, heißt kontextfrei, d.h., die Ersetzung erfolgt unabhängig vom Kontext, der rechts und links im bisher hergeleiteten Wort steht.

Kapitel 3

Algorithmen und ihre Darstellung

3.1 Was sind Algorithmen?

Als *Algorithmus* bezeichnet man die exakte Beschreibung eines Verfahrens einschließlich der genauen Darstellung der Eingabe, der Ausgabe, der Zwischenspeicherung von Werten, des Textes der einzelnen Vorschriften und allem, was sonst noch zum Verfahren gehört. Das Verfahren muß derart genau beschrieben sein, daß jemand, der nur den Algorithmus vorliegen hat, der also keine zusätzlichen Erläuterungen erhält und niemanden fragen kann, dennoch alle Einzelschritte korrekt durchführen oder das Verfahren auch einem mechanischen Gerät oder einem Computer zur Abarbeitung übertragen kann.

3.1.1 Ersetzen von Leerzeichen

Wir illustrieren den Algorithmusbegriff an folgender Aufgabe: Ersetze in einem gegebenen Text t je zwei Leerzeichen durch ein Leerzeichen. Ein Leerzeichen ist in einem Text ein Zeichen wie jedes andere, und es wird erzeugt, indem man eine Taste auf der Tastatur drückt. Allerdings wird dieses Zeichen nicht gedruckt. Um es dennoch sehen zu können, ersetzt man es in einem Editor durch ein spezielles Symbol, z.B. einen grauen Punkt oder durch das Zeichen ␣. Ein Algorithmus, der die gestellte Aufgabe löst, lautet:

Algorithmus 1:

    Eingabe: Es sei $A = \{a, b, \ldots, +, -, \ldots, 0, 1, 2, \ldots\}$ das Alphabet der Tastaturzeichen. Ein Text $t = a_1 a_2 \ldots \ldots a_n$ ist ein Wort über A, a_i ist das i-te Zeichen des Textes t.

    Verfahren: Der zu erstellende neue Text v sei zunächst leer.

        Setze einen Zähler i auf 1.

        Wiederhole folgendes, solange $i < n$ ist:

            Falls a_i und a_{i+1} beide ein Leerzeichen sind, dann füge an v ein Leerzeichen an und erhöhe i um 2, anderenfalls füge an v das Zeichen a_i an und erhöhe i um 1.

    Ausgabe: Text v.

Hier besteht eine Unklarheit: Bedeutet die Formulierung „solange $i < n$ ist", daß diese Bedingung vor der Durchführung oder nach der Durchführung der folgenden Anweisung geprüft wird? In unserem Algorithmus kann man indirekt schließen, daß dies vorher geschehen muß, da im Falle $i = n$ das Zeichen a_{i+1} gar nicht vorhanden ist. Da jedoch der Algorithmus ablaufen muß, ohne daß die Ausführenden mitdenken, muß die Bedeutung jedes einzelnen Bestandteils genau klar sein. Die Umgangssprache enthält viele Mehrdeutigkeiten; daher verwendet man zur Formulierung von Algorithmen künstliche Sprachen, die Programmiersprachen.

Um einen Algorithmus nachzuvollziehen, benutzt man oft eine Wertverlaufstabelle. Hierin werden zu gewissen Zeitpunkten die aktuellen Werte der vorhandenen Größen aufgeführt. Für folgenden Eingabetext t aus $n = 29$ Zeichen

$$t = \text{␣wir␣␣␣␣essen␣␣␣aal␣␣am␣abend}$$

zeigt Tabelle 3.1 einen Wertverlauf (manche Zwischenschritte fehlen hier).

Schritt-zahl	t	i	a_i	a_{i+1}	v
0	␣wir␣␣␣␣essen␣␣␣aal␣␣am␣abend	-	-	-	-
1	␣wir␣␣␣␣essen␣␣␣aal␣␣am␣abend	-	-	-	< v ist das leere Wort >
2	␣wir␣␣␣␣essen␣␣␣aal␣␣am␣abend	1	␣	w	< v ist das leere Wort >
3	␣wir␣␣␣␣essen␣␣␣aal␣␣am␣abend	2	w	i	␣
4	␣wir␣␣␣␣essen␣␣␣aal␣␣am␣abend	3	i	r	␣w
5	␣wir␣␣␣␣essen␣␣␣aal␣␣am␣abend	4	r	␣	␣wi
6	␣wir␣␣␣␣essen␣␣␣aal␣␣am␣abend	5	␣	␣	␣wir
7	␣wir␣␣␣␣essen␣␣␣aal␣␣am␣abend	7	␣	␣	␣wir␣
8	␣wir␣␣␣␣essen␣␣␣aal␣␣am␣abend	9	e	s	␣wir␣␣
9	␣wir␣␣␣␣essen␣␣␣aal␣␣am␣abend	10	s	s	␣wir␣␣e
13	␣wir␣␣␣␣essen␣␣␣aal␣␣am␣abend	14	␣	␣	␣wir␣␣essen
14	␣wir␣␣␣␣essen␣␣␣aal␣␣am␣abend	16	␣	a	␣wir␣␣essen␣
15	␣wir␣␣␣␣essen␣␣␣aal␣␣am␣abend	17	a	a	␣wir␣␣essen␣␣
16	␣wir␣␣␣␣essen␣␣␣aal␣␣am␣abend	18	a	l	␣wir␣␣essen␣␣a
25	␣wir␣␣␣␣essen␣␣␣aal␣␣am␣abend	28	n	d	␣wir␣␣essen␣␣aal␣am␣abe
27	␣wir␣␣␣␣essen␣␣␣aal␣␣am␣abend	29	-	-	␣wir␣␣essen␣␣aal␣am␣aben

Tabelle 3.1: Wertverlaufstabelle zu Algorithmus 1

Nach dem 27. Schritt endet das Verfahren und liefert ein falsches Ergebnis, da das letzte Zeichen des Textes fehlt. Die Vorschrift ist zwar ein Algorithmus, aber dieser löst nicht die gestellte Aufgabe. Fügt man einfach, sobald $i \geq n$ geworden ist, die Anweisung

Füge letztes Zeichen von u an v an.

hinzu, so würde zwar die korrekte Ausgabe $v = \llcorner$wir$\llcorner\llcorner$essen$\llcorner$aal$\llcorner$am$\llcorner$abend geliefert, doch im Beispiel $u = $ wir$\llcorner\llcorner$ erfolgt die falsche Ausgabe $v = $ wir$\llcorner\llcorner$. Es sollte daher wohl die Anweisung

Falls $i = n$, dann füge a_n an v an.

hinzugefügt werden, wodurch auch der Text $u = $ wir$\llcorner\llcorner$ korrekt bearbeitet wird. Vermutlich löst der so modifizierte Algorithmus die gestellte Aufgabe, aber sicher sind wir immer noch nicht?!

Folgerung: Einem Algorithmus kann man meist nicht unmittelbar ansehen, ob er korrekt arbeitet. Hier geeignete Methoden zu kennen und einzusetzen, ist ein besonders wichtiges Ausbildungsziel in der Informatik.

Man hätte zur Lösung der Aufgabe auch folgenden Algorithmus wählen können:

Algorithmus 2:
    Eingabe: Der gegebene Text t sei $a_1 a_2 \dots a_n$. Für $i = 1, \dots, n$ ist a_i also das
           i-te Zeichen des Textes t.
    Verfahren: Der zu erstellende neue Text v sei zunächst leer.
           Setze einen Zähler i auf 1.
           Wiederhole folgendes, solange $i < n$ ist:
               Füge an v das Zeichen a_i an und erhöhe i um 1. Falls beide Zeichen
               a_i und a_{i+1} Leerzeichen sind, erhöhe i nochmals um 1.
               Falls $i = n$ ist, dann füge noch a_i an v an.
    Ausgabe: Text v.

3.1.2   Eine einfache programmiersprachliche Notation

Was zeigt das Beispiel aus 3.1.1?

- Zur Beschreibung von Algorithmen benötigt man eigene Sprachen.

- Man muß sorgfältig prüfen, ob ein Algorithmus korrekt ist, d.h., ob er eine gestellte Aufgabe auch tatsächlich löst.

- Eine Aufgabe kann von vielen verschiedenen Algorithmen gelöst werden. (Man nennt zwei Algorithmen, die für jede Eingabe jeweils die gleiche Ausgabe liefern, *äquivalent*.)

- In diesem Beispiel blieb der Aufwand unberücksichtigt: Fast immer muß man abschätzen, wie lange es dauert, um einen Algorithmus durchzuführen, und wieviel Platz die Zwischenrechnungen erfordern.

Als Antwort auf die Forderung nach einer eigenen Sprache wird nachfolgend eine (teilweise noch unvollständige) künstliche Sprache eingeführt; insbesondere werden einige übliche Sprachelemente vorgestellt, die zur Beschreibung von Algorithmen ausreichen:

1. Algorithmen sind Folgen von Anweisungen; sie bestehen aus elementaren Anweisungen, die mit Hilfe von Ausdrücken und einigen Sprachelementen aneinander gefügt oder ineinander geschachtelt werden. Es sollte nur wenige verschiedene Typen von elementaren Anweisungen geben (siehe 2). Daten werden in *Variablen* abgelegt, die man sich als Behälter vorstellen kann, siehe unten.

2. *Elementare Anweisungen* sind

   - Die Anweisung <u>skip</u>,
   - *Zuweisungen* der Form X := α, wobei X eine Variable und α ein Ausdruck ist,
   - Leseanweisungen der Form read(X) und
   - Schreibanweisungen der Form write(X), jeweils für eine Variable X.

   Bedeutungen: <u>skip</u> steht für die leere Anweisung, also die Anweisung, die nichts tut. Die Zuweisung X := α bedeutet: Werte den Ausdruck α aus und lege den erhaltenen Wert in der Variablen X ab. read(X) besagt, daß der nächste Wert von der Eingabe zu lesen und der Variablen X zuzuweisen ist, und write(X) bewirkt, daß der aktuelle Wert der Variablen X ausgegeben wird.

   Hinweis: Auch Prozeduraufrufe (siehe Abschnitt 3.3.1) sind elementare Anweisungen.

3. *Ausdrücke* sind entweder *arithmetische Ausdrücke*, die eine natürliche, ganze, rationale oder reelle Zahl ergeben, oder *Zeichenausdrücke*, deren Ergebnis ein Zeichen oder eine Folge von Zeichen ist, oder *logische Ausdrücke* (auch *Boolesche Ausdrücke* genannt, nach dem englischen Mathematiker George Boole, 1815-1864), die einen Wahrheitswert liefern, vgl. Definition 3 in Abschnitt 2.3.

4. Jede elementare Anweisung ist eine *Anweisung*.

5. Wenn A_1 und A_2 Anweisungen sind, dann ist auch A_1 ; A_2 eine Anweisung.

   Bedeutung: Führe erst A_1 und danach A_2 aus („*Sequenz*").

6. Wenn A_1 und A_2 Anweisungen sind und b ein Boolescher Ausdruck ist, dann sind auch <u>if</u> b <u>then</u> A_1 <u>fi</u> und <u>if</u> b <u>then</u> A_1 <u>else</u> A_2 <u>fi</u> Anweisungen (einseitige und zweiseitige „*Alternative*"). Das Abschlußsymbol <u>fi</u> dient lediglich als Klammerstruktur, um das Ende dieser Anweisung eindeutig zu markieren. <u>fi</u> ist die Spiegelung des englischen Wortes <u>if</u>, ebenso wie „)" die Spiegelung der öffnenden Klammer „(" ist.

Bedeutung: Werte den Booleschen Ausdruck b aus. Wenn er den Wahrheitswert true ergibt, so führe A_1 aus, anderenfalls gehe zur nächsten Anweisung über, bzw. anderenfalls führe A_2 aus, sofern der <u>else</u>-Zweig vorhanden ist.

7. Wenn A eine Anweisung und b ein Boolescher Ausdruck sind, dann ist auch <u>while</u> b <u>do</u> A <u>od</u> eine Anweisung („*Schleife*"). Wie bei 6 dient das Kunstwort <u>od</u> nur als Klammerstruktur zum Wort <u>do</u>.

Bedeutung: Solange b den Wahrheitswert true liefert, führe A aus. Genauer: Ermittle zunächst den Wahrheitswert von b; falls dieser true ergibt, so führe A aus und ermittle erneut den Wahrheitswert von b usw. Falls einmal b den Wert false liefert, gehe zur nächsten Anweisung über.

8. Eine häufig auftretende Form der while-Schleife ist die *Zählschleife*: Wenn A eine Anweisung ist und wenn z eine Variable für ganze Zahlen und a und e arithmetische Ausdrücke sind, dann ist auch <u>for</u> z := a <u>to</u> e <u>do</u> A <u>od</u> eine Anweisung.

Bedeutung: Die Anweisung A wird für die Werte z=a, z=a+1, z=a+2, ... , z=e immer wieder ausgeführt, d.h., die Zählschleife ist gleichbedeutend mit der Anweisung z := e; <u>while</u> z $\leq$ e <u>do</u> A; z := z+1 <u>od</u> . In der Praxis verbietet man meist, daß die Variable z in der Anweisung A verändert werden darf, weil dies zu schwer auffindbaren Fehlern führen kann.

9. Um ein Programm lesbar zu machen, muß man Kommentare einstreuen. Ein Kommentar beginnt bei uns mit dem Prozentzeichen % und endet mit der jeweiligen Zeile. Beispiel (in x möge eine nichtnegative ganze Zahl stehen):

a:=x;

<u>while</u> a-k$\geq$0 <u>do</u> a:=a-k <u>od</u>   % Am Ende steht x <u>mod</u> k in der Variablen a.

Zentral für diese Art, Algorithmen durch Anweisungen darzustellen, ist das *Variablenkonzept*: Eine *Variable* X ist demnach ein Behälter, in dem ein Wert steht, der dort solange unverändert erhalten bleibt, bis er durch eine Leseanweisung oder eine neue Zuweisung an die Variable X überschrieben wird, d. h. einen neuen Wert erhält. Bei Zuweisungen der Form Y := X oder Y := X+Z*X wird jedoch der Wert der Variablen X nicht zerstört, sondern nur kopiert und als Kopie im Ausdruck verwendet. Weiterhin kann man Variablen zu Feldern (sog. *arrays*) zusammenfassen; hiermit lassen sich Tabellen, Vektoren und Matrizen darstellen, vgl. Abschnitt 3.2.2.

Zu einer Variablen ist in der Regel anzugeben, welche Werte in ihr stehen dürfen. Man bezeichnet dies als den *Typ* der Variablen. Eine Programmiersprache heißt *typisiert*, wenn jede Variable einen Typ besitzen muß. Variablen verschiedener Typen lassen sich zu einem Variablensatz (genannt *record*) zusammenfassen; hiermit kann man verschiedene Daten zusammenfassen, z.B. den Namen, das Geburtsdatum, die Adresse und weitere Angaben zu einer Person.

Die Ein- und Ausgabe müssen nun nicht mehr gesondert aufgeführt werden; vielmehr werden sie durch read- und write-Anweisungen erfaßt. Oft wird zunächst die gesamte Eingabe eingelesen und den im Algorithmus verwendeten Variablen zugewiesen. Obiger Algorithmus 2 lautet mit diesen Darstellungsmitteln nun folgendermaßen (eof bedeutet „end of file"; dieses Zeichen markiert das Ende der Eingabe; „while not eof do A od;" besagt also, solange die Anweisung A auszuführen, bis das Ende der Eingabe erreicht ist):

Algorithmus 2':

```
i:=1; n:=0;
while not eof do read(aᵢ); n:=i; i:=i+1 od;
i:=1;
while i < n do write(aᵢ); i:=i+1;
   if (aᵢ = ⊔) and (aᵢ₊₁ = ⊔) then i:=i+1 fi
od;
if i = n then write(aᵢ) fi
```

Diese Darstellung eines Algorithmus in einer Programmiersprache nennt man ein *Programm*. Die hier gewählte Notation findet sich in ähnlicher Form in vielen Programmiersprachen, z.B. in Ada, PASCAL, MODULA und OBERON.

Als Beispiele für Algorithmen betrachten wir nun die Lösungsverfahren zu drei Problemen: die Berechnung des größten gemeinsamen Teilers (ggT) und das Sortieren einer Folge von Zahlen. Doch zuvor werden die Sprachelemente mit einer BNF formuliert, woraus die Leser(innen) erkennen mögen, daß und wie sich Programmiersprachen hiermit definieren lassen.

3.1.3 Präzise Definition mit Hilfe der BNF

Die Sprachdefinition hätten wir auch in BNF (vgl. Abschnitt 2.5) schreiben können. Sie lautet dann (Nichtterminale schreiben wir in spitzen Klammern):

V = {⟨Anweisung⟩, ⟨elementare Anw.⟩, ⟨Bedingung⟩, ⟨Zuweisung⟩, ⟨Arithm. Ausdr.⟩, ⟨Variable⟩, ⟨Zahl⟩, ⟨Buchstabe⟩, ⟨Ziffer⟩, ⟨Arithm. Oper.⟩, ⟨Boolescher Oper.⟩, ⟨Vergleichsoper.⟩}

Σ = {skip, :=, read, write, ;, if, then, else, fi, while, do, od, for, to, (,), =, ≠, <, ≤, >, ≥, 0, 1, 2, 3, 4, 5, 6, 7, 8, 9, +, -, *, /, mod, div, a, b, c, ... , z, A, B, ... , Z, ,, and, or, not, impl, equiv, exor, true, false}

Das Startzeichen ist ⟨Anweisung⟩. Regeln:

⟨Anweisung⟩ ::= ⟨elementare Anw.⟩ | ⟨Anweisung⟩ ; ⟨Anweisung⟩ |
      if ⟨Bedingung⟩ then ⟨Anweisung⟩ fi |
      if ⟨Bedingung⟩ then ⟨Anweisung⟩ else ⟨Anweisung⟩ fi |
      while ⟨Bedingung⟩ do ⟨Anweisung⟩ od |
      for ⟨Zuweisung⟩ to ⟨Arithm. Ausdr.⟩ do ⟨Anweisung⟩ od

⟨elementare Anw.⟩	::=	skip | ⟨Zuweisung⟩ | read(⟨Variable⟩) | write(⟨Variable⟩)
⟨Zuweisung⟩	::=	⟨Variable⟩ := ⟨Arithm. Ausdr.⟩ | ⟨Variable⟩ := ⟨Bedingung⟩
⟨Variable⟩	::=	⟨Buchstabe⟩ | ⟨Variable⟩⟨Buchstabe⟩ | ⟨Variable⟩⟨Ziffer⟩
⟨Buchstabe⟩	::=	A | B | C | ... | Z | a | b | c | ... | z
⟨Ziffer⟩	::=	0 | 1 | 2 | 3 | 4 | 5 | 6 | 7 | 8 | 9
⟨Arithm. Ausdr.⟩	::=	⟨Variable⟩ | ⟨Zahl⟩ | ⟨Arithm. Ausdr.⟩ |
		⟨Arithm. Ausdr.⟩⟨Arithm. Oper.⟩⟨Arithm. Ausdr.⟩
⟨Arithm. Oper.⟩	::=	+ | - | * | / | mod | div
⟨Bedingung⟩	::=	⟨Variable⟩ | true | false | (⟨Bedingung⟩) | not(⟨Bedingung⟩) |
		⟨Bedingung⟩⟨Boolescher Oper.⟩⟨Bedingung⟩ |
		⟨Arithm. Ausdr.⟩⟨Vergleichsoper.⟩⟨Arithm. Ausdr.⟩
⟨Boolescher Oper.⟩	::=	and | or | impl | equiv | exor
⟨Zahl⟩	::=	⟨Ziffer⟩ | ⟨Zahl⟩⟨Ziffer⟩
⟨Vergleichsoper.⟩	::=	= | ≠ | < | ≤ | > | ≥

Diese BNF-Definition berücksichtigt noch keine reellen Zahlen, sie läßt unsinnige Konstruktionen in Bedingungen zu, da sie nicht zwischen Variablen für Zahlen und für Wahrheitswerte unterscheidet, und sie enthält gewisse Mehrdeutigkeiten, auf die wir aber hier nicht eingehen. Dafür präzisiert sie die Notation für Variablen: Eine Variable beginnt mit einem Buchstaben gefolgt von einer (eventuell leeren) Folge aus Ziffern und Buchstaben.

3.1.4 Größter gemeinsamer Teiler

Problemstellung: Berechne zu zwei natürlichen Zahlen $n, m \in \mathbb{N}_0$ die größte Zahl $d \in \mathbb{N}_0$, die sowohl n als auch m teilt. Man nennt d den größten gemeinsamen Teiler von n und m und schreibt $d = \text{ggT}(n, m)$. Nur im Falle, daß $n = 0 = m$ ist, existiert kein solches d. Im Falle $n \neq 0$ oder $m \neq 0$ ist d durch das Maximum von n und m nach oben beschränkt. Da 1 stets beide Zahlen teilt, so existiert mindestens ein gemeinsamer Teiler, und der größte dieser gemeinsamen Teiler d ist eindeutig bestimmt.

Für den ggT zweier Zahlen $a, b \in \mathbb{N}_0$ gelten offensichtlich folgende Gesetze:

i) $\text{ggT}(a, b) = \text{ggT}(a - b, b)$ für $a \geq b$.

ii) $\text{ggT}(a, b) = \text{ggT}(a \bmod b, b)$ für $b \neq 0$.
   Beweis: iteriere i). Wegen $a \bmod b = a$ für $a < b$ gilt dies sogar für alle $b \neq 0$.

iii) $\text{ggT}(a, b) = \text{ggT}(b, a)$ für alle a, b.

iv) $\text{ggT}(a, 0) = a$ für alle $a \neq 0$.

Diese Gesetze legen bereits einen Algorithmus zur Bestimmung des ggT nahe:

Algorithmus 3:   Euklidischer Algorithmus zur Berechnung des ggT

```
Variablen für natürliche Zahlen seien a, b, r;
read(a,b);
if (a=0) and (b=0) then write("keine Lösung")
else
   if a<b then r:=a; a:=b; b:=r fi;            % hier wurden a und b vertauscht
   while b≠0 do r:=b; b:=a mod b; a:=r od;                % iteriere ii),iii)
   write(a)                           % Am Ende steht der gesuchte ggT in a wegen iv).
fi
```

Die Anweisung „if a<b then r:=a; a:=b; b:=r fi;" kann sogar weggelassen werden, da im Falle a<b die Anweisung „while b≠0 do r:=b; b:=a mod b; a:=r od" ebenfalls nur die beiden Werte vertauscht.

Frage: Wie lange dauert es, um den ggT zu berechnen?

Antwort: Sei x die Anzahl der elementaren Anweisungen, die durchzuführen sind, um den Rest $a \bmod b$ aus a und b zu berechen, und sei q die Zahl der Modulo-Bildungen, bis $b = 0$ geworden ist, dann werden ungefähr $x \cdot q + 2 \cdot q + 2$ elementare Anweisungen ausgeführt. Dividiert man ziffernweise a durch b, wobei sich am Ende der Rest $a \bmod b$ ergibt, so benötigt man hierzu höchstens $x = |a| \cdot |b| \leq \log(a) \cdot \log(b)$ Schritte. Um q abzuschätzen, überlege man sich, um wieviel sich der Wert der Variablen a nach zwei Modulo-Bildungen mindestens verringert haben muß. Man unterscheide $b \leq a < 3/2 \cdot b$ und $a \geq 3/2 \cdot b$. In jedem der Fälle sieht man leicht ein, daß nach zwei Modulo-Bildungen der Wert von a auf weniger als die Hälfte gesunken ist. Folglich kann man $q \leq 2 \cdot \log(n)$ abschätzen. Sei n die größere der beiden eingegebenen Zahlen a und b, so sind größenordnungsmäßig höchstens $(\log(n))^3$ Schritte durchzuführen, um den ggT zu berechnen.

3.1.5 Sortieren einer Folge von n natürlichen Zahlen

Problemstellung: Gegeben sei eine Folge von n natürlichen Zahlen $a_1, a_2, \ldots, a_n$. Diese Folge soll so zu einer Folge $a_{i_1}, a_{i_2}, \ldots, a_{i_n}$ umsortiert werden, daß das kleinste Element an erster Stelle steht, das zweitkleinste an zweiter usw., d.h., es muß $a_{i_1} \leq a_{i_2} \leq \ldots \leq a_{i_n}$ gelten.

Mathematische Formulierung: Es wird eine Permutation $\pi : \mathbb{N} \to \mathbb{N}$ gesucht mit $a_{\pi(1)} \leq a_{\pi(2)} \leq \ldots \leq a_{\pi(n)}$.

Das Sortieren von Objekten ist eine der häufigsten Tätigkeiten, die Computer durchführen; denn in sortierten Datenbeständen lassen sich Informationen viel schneller als in unsortierten wiederfinden. Das Sortieren wurde daher sehr gut untersucht, und es wurden viele Sortierverfahren entwickelt. Ein relativ langsam arbeitendes Verfahren soll hier vorgestellt werden; weitere Sortierverfahren und Aufwandsabschätzungen werden in Abschnitt 4.4 untersucht.

Verfahren der *wiederholten Minimumbildung*. Man ermittle die kleinste Zahl der Folge; sei a_i diese Zahl. Dann vertausche a_i mit a_1 und führe das gleiche Verfahren für die Folge ohne das erste Element durch, also für $a_2, a_3, \ldots, a_{i-1}, a_1, a_{i+1}, \ldots, a_n$. Indem man diese Minimumsuche $n - 1$ mal wiederholt, erhält man die gesuchte sortierte Folge.

In Programmiersprachen schreibt man die Indizes in eckigen Klammern hinter den Namen a der Folge, also a[i] anstelle von a_i. a wird als ein sog. Feld von Variablen (engl.: array, vgl. Abschnitt 3.2.2) aufgefaßt, auf dessen einzelne Elemente in der Form a[α] zugegriffen wird, wobei α ein Ausdruck ist, der eine Zahl zwischen 1 und n liefern muß.

Algorithmus 4:

```
Variablen für natürliche Zahlen: n, i, j, minimum, position;
Feldvariable a für natürliche Zahlen in den Grenzen von 1 bis n;
read(n);
for i:=1 to n do read(a[i]) od;          % Einlesen der Folge von Zahlen
for j:=1 to n-1 do
  minimum := a[j]; position := j;
  for i:=j+1 to n do
    if a[i] < minimum then minimum := a[i]; position:= i fi
  od;
  a[position] := a[j]; a[j] := minimum
od;
for i:=1 to n do write(a[i])
```

Erläuterung: Man nimmt zunächst an, in a[j] (also an der Position j) steht das Minimum. Dann prüft man für alle rechts davon stehenden Zahlen, ob sie eventuell kleiner sind; falls ja, notiert man dieses neue Minimum in der Variablen minimum und merkt sich seine Position. Wurden alle Zahlen durchprobiert, dann vertauscht man das gefundene Minimum mit a[j] und setzt das Verfahren ab j+1 fort. Da in jedem Durchlauf das verbliebene Minimum nach vorne rückt, entsteht tatsächlich die sortierte Folge.

Aufwand: Nimmt man an, daß jede elementare Anweisung einen Schritt erfordert, dann werden benötigt:

für die dritte Zeile: ein Schritt,   für die vierte Zeile: n Schritte,
für die sechste Zeile: zwei Schritte,   für die achte Zeile: drei mal n-j Schritte
für die neunte Zeile: zwei Schritte,   für die elfte Zeile: n Schritte.

Da die Zeilen 6, 8 und 9 für $j=1, 2, \ldots, n-1$ zu durchlaufen sind, erhält man:

$$1 + n + \sum_{1 \leq j \leq n-1} (2 + 3(n-j) + 2) + n = 2n + 1 + 4(n-1) + 3 \sum_{1 \leq j \leq n-1} (n-j)$$

$$= 6n - 3 + 3 \sum_{1 \leq i \leq n-1} i = 6n - 3 + 3\frac{1}{2}n(n-1) \approx \frac{3}{2}n^2 \text{ Schritte.}$$

Hinweis: Der Aufwand für die Veränderungen der Laufvariablen i und j wurde nicht berücksichtigt; hierdurch würde sich die Abschätzung auf $2n^2$ erhöhen.

Für die Praxis ist dieser Aufwand zu groß. Beispiel: Nehmen wir an, wir müßten alle $n = 80$ Millionen Bundesbürger (dargestellt durch Zahlen, z.B. die Nummer des Personalausweises) sortieren, so ergäben sich $3/2 \cdot n^2 = 96 \cdot 10^{14}$ Schritte. Ein Computer, der 5 Millionen elementare Anweisungen pro Sekunde ausführt, würde erst nach $192 \cdot 10^7$ Sekunden ≈ 61 Jahren die Sortierung beendet haben, also zu einem Zeitpunkt, an dem die meisten Bürger bereits verstorben sind. In der Praxis verwendet man ab $n = 100$ daher andere, schnellere Verfahren (siehe Abschnitt 4.4).

3.1.6 Determinismus, Determiniertheit, Terminieren

Wir nennen einen Algorithmus *determiniert*, wenn alle Personen oder Geräte, die ihn ausführen, für gleiche Eingaben auch immer die gleichen Ausgaben erhalten; anderenfalls heißt er *nichtdeterminiert*. Nichtdeterminierte Algorithmen treten fast immer bei Spielen auf: Aus mehreren guten Fortsetzungsmöglichkeiten ist eine auszuwählen, wobei es oft egal ist, welche man wählt.

Ein determinierter Algorithmus muß nicht unbedingt auch in jedem Schritt eine eindeutige Fortsetzung haben. Ein Beispiel hierfür ist das Sortierverfahren Quicksort (siehe Abschnitt 4.4), das unabhängig vom ausgewählten Element immer die sortierte Folge liefert (das also determiniert ist). Ein anderes Beispiel ist die Angabe von Wegen, wo es oft gleichgültig ist, auf welchen Teilwegen man sich bewegt. Wir nennen einen Algorithmus, bei dem sich jede Folgesituation eindeutig aus der aktuellen Situation ergibt, *deterministisch*. Ein deterministischer Algorithmus ist immer auch determiniert; ein nichtdeterminierter Algorithmus muß aber zwangsläufig nichtdeterministisch sein.

Von einem Algorithmus wird meist erwartet, daß er für jede Eingabe *terminiert*, d.h., daß er nach endlich vielen Schritten beendet ist. Es gibt Ausnahmen. Zum Beispiel sollte das Betriebssystem (siehe Abschnitt 6.2) eines Rechners nicht von alleine terminieren. Leider gibt es kein Verfahren, mit dem man zu einem beliebig vorgegebenen Algorithmus feststellen kann, ob dieser terminiert oder nicht. Ein Beispiel für einen Algorithmus, von dem bis heute nicht bekannt ist, ob er terminiert oder nicht, testet die bisher unbewiesene Goldbach-Vermutung: Läßt sich jede gerade Zahl $n \geq 4$ als Summe zweier Primzahlen p und $n - p$ darstellen?

Algorithmus 5:

```
Variablen für natürliche Zahlen: n, nhalbe, p, a;
n:=4; nhalbe:=2; a:=0;
while a=0 do
  n:=n+2; nhalbe:=nhalbe+1; p:=3;
  while (p ≤ nhalbe) and (p ist nicht prim or n-p ist nicht prim) do
    p:=p+2
  od;
  if p > nhalbe then a:=n fi
od;
write(a)
```

Hinweis: Naheliegender Algorithmus zum Testen, ob $p \geq 2$ eine Primzahl ist:

Algorithmus 6:

```
Variablen für natürliche Zahlen: p, x;             % p sei gegeben
if p=1 or ((p > 2) and (p mod 2 = 0)) then
  write("p ist keine Primzahl")
else
  x:=3;
  while (x*x ≤ p) and (p mod x ≠ 0) do x:=x+2 od;
  if x*x > p then write("p ist eine Primzahl")
  else write("p ist keine Primzahl") fi
fi
```

Es genügt natürlich, nur bis (x*x ≤ p), d.h. ($x \leq \sqrt{p}$) zu testen.

3.2 Daten und Datenstrukturen

Algorithmen verarbeiten Daten, z.B. Zahlen, Texte, Meßwerte oder Bilder. In erster Näherung werden Daten als passive Objekte aufgefaßt, die herumliegen und auf ihren Transport und auf ihre Manipulation warten. Wie die Daten zu verarbeiten sind, „weiß" der Algorithmus. Jeder Algorithmus zum Bearbeiten von Texten weiß also, daß Texte zeichenweise vorliegen und wie das Ende des Textes erkannt wird; jeder Algorithmus, der ganze Zahlen verarbeitet, weiß, wie ganze Zahlen addiert, subtrahiert, multipliziert und dividiert werden.

Die Auffassung, daß Daten passiv sind, wurde durch das Konzept des Datentyps ersetzt: Ein *Datentyp* besteht aus einem oder mehreren Wertebereichen mit den jeweils zulässigen Operatoren, und Daten sind Elemente eines dieser Wertebereiche. Wie bei Anweisungen gibt es elementare (oder vordefinierte) Datentypen, aus denen mit Hilfe von „Konstruktoren" allgemeine Datentypen zusammengesetzt werden. Die Wirkungsweise der Operatoren und der Konstruktoren ist bekannt, und sie brauchen daher nicht mehr in den Algorithmen definiert zu werden.

Eine weitergehende Betrachtung führt zu den Objekten: *Objekte* bestehen aus Daten, darauf definierten Operatoren, können angesprochen werden und Daten (oder Objekte) weitergeben, sind selbst für ihre Handlungsweisen verantwortlich und lassen sich von niemandem in ihre Arbeitsweise hineinsehen (sog. Kapselung nach außen, hidden information). Zugleich können Objekte, die bereits definiert sind, als Grundlage für ähnlich strukturierte oder verfeinerte Objekte dienen (Vererbung). Hier gehen wir nur auf den Datentyp-Aspekt ein; das Thema „Objekte und Objektorientierung" wird in Kapitel 5 behandelt.

3.2.1 Elementare Datentypen

Man muß sich auf grundlegende Datenbereiche einigen. Hierzu gehören in der Regel die folgenden elementaren Datentypen.

1. Der Datentyp `boolean`: Er beruht auf dem Wertebereich {`false`, `true`}. Meist verwendet man jedoch zur Repräsentierung die Menge $\mathbb{B} = \{0, 1\}$ und identifiziert 0 mit `false` und 1 mit `true`. Die zulässigen Operatoren <u>not</u>, <u>and</u>, <u>or</u>, <u>impl</u>, <u>equiv</u> und <u>exor</u> sind in Abschnitt 2.4 definiert worden.

2. Der Datentyp `natural`: Er besteht aus den Wertebereichen der Wahrheitswerte $\mathbb{B} = \{0, 1\}$ und der natürlichen Zahlen $\mathbb{N}_0 = \{0, 1, 2, \dots\}$. Zulässige Operatoren sind +, sub$_0$, *, <u>div</u>, <u>mod</u> : $\mathbb{N}_0 \times \mathbb{N}_0 \to \mathbb{N}_0$ und =, < : $\mathbb{N}_0 \times \mathbb{N}_0 \to \mathbb{B}$, definiert durch:
   + ist die übliche Addition, sub$_0$(a,b)=a-b, falls a=b, und =0 sonst, * ist die übliche Multiplikation, <u>div</u> die ganzzahlige Division ohne Rest (undefiniert für Division durch 0), <u>mod</u> der Rest bei der ganzzahligen Division (undefiniert für Restbildung bzgl. 0), = die Gleichheit auf Zahlen und < die Kleiner-Relation auf Zahlen. Die zugehörigen Daten sind Elemente aus $\mathbb{N}_0$. Weitere Operatoren lassen sich durch Ausdrücke definieren, z.B.: x > y ist gleichbedeutend mit <u>not</u>(x<y) and <u>not</u>(x=y).

3. Der Datentyp `integer`: Er besteht aus den Wertebereichen der Wahrheitswerte $\mathbb{B} = \{0, 1\}$ und der ganzen Zahlen $\mathbb{Z} = \{\dots, -2, -1, 0, 1, 2, \dots\}$. Zulässige Operatoren sind -, abs : $\mathbb{Z} \to \mathbb{Z}$, +, -, *, <u>div</u>, <u>mod</u> : $\mathbb{Z} \times \mathbb{Z} \to \mathbb{Z}$ und =, < : $\mathbb{Z} \times \mathbb{Z} \to \mathbb{B}$, die definiert sind durch:
   - ist sowohl die einstellige Vorzeichenfunktion, die x in -x überführt, als auch die übliche Subtraktion, abs ist die Absolutfunktion (Weglassen des Vorzeichens), + ist die übliche Addition, * ist die übliche Multiplikation, <u>div</u> die ganzzahlige Division ohne Rest (undefiniert für Division durch 0), <u>mod</u> der Rest bei der ganzzahligen Division (Restbildung bzgl. 0 ist undefiniert), = die Gleichheit auf Zahlen und < die Kleiner-Relation auf Zahlen. Die zugehörigen Daten sind Elemente aus $\mathbb{Z}$.

4. Der Datentyp `real`: Dieser besteht aus den Wertebereichen der Wahrheitswerte $\mathbb{B} = \{0,1\}$, der ganzen Zahlen $\mathbb{Z}$ und der reellen Zahlen $\mathbb{R}$. Zulässige Operatoren sind -, abs : $\mathbb{R} \to \mathbb{R}$, trunc : $\mathbb{R} \to \mathbb{Z}$, +, -, *, / : $\mathbb{R} \times \mathbb{R} \to \mathbb{R}$ und =, < : $\mathbb{R} \times \mathbb{R} \to \mathbb{B}$, die definiert sind durch:
   - ist sowohl die einstellige Vorzeichenfunktion, die x in -x überführt, als auch die übliche Subtraktion, abs ist die Absolutfunktion (Weglassen des Vorzeichens), trunc(x) liefert die größte ganze Zahl, die kleiner oder gleich x ist, + ist die übliche Addition, * ist die übliche Multiplikation, / die Division (undefiniert für Division durch 0), = die Gleichheit auf Zahlen und < die Kleiner-Relation auf Zahlen. Die zugehörigen Daten sind Elemente aus $\mathbb{R}$.

5. Der Datentyp `char`: Er besteht aus den Wertebereichen der Wahrheitswerte $\mathbb{B} = \{0,1\}$, der natürlichen Zahlen $\mathbb{N}_0 = \{0,1,2,\dots\}$ und der Menge Δ der im Rechner darstellbaren Zeichen. Die Menge Δ umfaßt alle auf der Tastatur vorhandenen Zeichen sowie spezielle Zeichen wie $\hookleftarrow$ („return", Absatz am Ende einer Zeile) oder „eof" (end of file, Ende der Eingabe). Zulässige Operatoren sind pred, succ : $\Delta \to \Delta$, ord : $\Delta \to \mathbb{N}_0$, chr : $\mathbb{N}_0 \to \Delta$ und = : $\Delta \to \mathbb{B}$, die definiert sind durch:
   ord ordnet jedem Zeichen eine natürliche Zahl zu; in der Regel ist dies der Code des Zeichens mit Hilfe von 7 oder 8 Binärstellen, also eine Zahl zwischen 0 und 127 bzw. 255; durch ord wird zugleich eine Anordnung der Zeichen festgelegt. chr ist die Umkehrfunktion zu ord. pred und succ liefern das jeweils vorherige bzw. nächste Zeichen bzgl. der durch ord gegebenen Anordnung (jeweils für das erste, bzw. das letzte Zeichen nicht definiert). = ist die Gleichheit von Zeichen. Die zugehörigen Daten sind Elemente aus Δ.

6. Es muß natürlich auch möglich sein, sich einen eigenen Wertebereich mit Operatoren zu definieren. Hierzu listet man den Wertebereich explizit auf, gibt dem Datentyp einen beliebigen Namen D:
   <u>type</u> D <u>is</u> $\{e_1, \dots, e_k\}$
   und läßt zunächst keine Operatoren auf dieser Menge zu außer der Gleichheit und evtl. den Operatoren pred und succ entsprechend der Reihenfolge in der Auflistung (vgl. char). Eigene Operatoren kann man durch Funktionsdefinitionen (siehe Abschnitt 3.2.2, Punkt 6) hinzufügen.

   Beispiel: <u>type</u> Farbe <u>is</u>
   {weiß, gelb, orange, rot, grün, blau, violett, schwarz}.

3.2.2 Datenstrukturen

Aus elementaren Datentypen setzt man Datenstrukturen zusammen, indem man von bereits definierten Typen zu Teilmengen, zu kartesischen Produkten, zu Vektoren und Matrizen, zu Folgen, zu Potenzmengen oder zu Funktionsräumen übergeht. Je nach den verwendeten Operatoren, die dann zugelassen sind, entstehen unterschiedliche Strukturen, z.B. lassen sich mit der Folgenbildung Listen, Keller oder Warteschlangen definieren, siehe unten.

Für die folgenden Betrachtungen gehen wir davon aus, daß jeder elementare Datentyp auch eine Datenstruktur ist.

1. Teilmengenbildung (Restriktion). Wenn T der Name einer Datenstruktur mit dem Wertebereich W und den Operatoren $op_1, \ldots, op_k$ ist und wenn V eine Teilmenge von W ist, dann kann man die Datenstruktur mit dem Namen S

     type S is T restrict W to V

   definieren, die aus dem Wertebereich V und den Einschränkungen $op'_1, \ldots, op'_k$ der Operatoren $op_1, \ldots, op_k$ auf V besteht (d.h.: Jeder Operator op'_i ist wie op_i in T definiert, allerdings ist das Ergebnis undefiniert, sofern der Operator aus der Menge V hinausführt).

   Teilmengen heißen in Programmiersprachen auch „Unterbereiche". Sie werden meist nur in der Schreibweise [x..y] beim Typ integer (oder für selbstdefinierte elementare Datentypen) für Intervalle von der Zahl x bis zur Zahl y verwendet. Beispiel: [7..12] bedeutet die Teilmenge $\{7, 8, 9, 10, 11, 12\}$ der ganzen Zahlen; in unserer Schreibweise:

     type name is integer restrict Z to {7, 8, 9, 10, 11, 12}.

2. Kartesische Produkte (record). Für m Mengen $A_1, \ldots, A_m$ ist $A_1 \times A_2 \times \ldots \times A_m = \{(a_1, ..., a_m) \mid a_i \in A_i \text{ für } i = 1, \ldots, m\}$ das kartesische Produkt, also die Menge der m-Tupel, deren erste Komponente aus A_1, deren zweite Komponente aus A_2 usw. ist. Seien $T_1, \ldots, T_m$ Datenstrukturen, dann ist

     type S is record sel_1: T_1; $\ldots$; sel_m: T_m end

   der Datentyp zum kartesischen Produkt. Die auf den einzelnen Mengen A_i zugelassenen Operatoren gelten dort unverändert. Für das kartesische Produkt muß nur die Projektion, d.h. der Zugriff auf eine ausgewählte Komponente hinzukommen. Man gibt jeder Komponente T_i einen Namen sel_i (sogenannter Selektor), und der Zugriff erfolgt über diesen Selektor, der in der Regel durch einen Punkt abgetrennt wird. Wenn also z eine Variable von diesem Typ S ist, so ist z.sel_j die j-te Komponente des m-Tupels z.

3. Felder (arrays). Wir betrachten den speziellen Fall, daß ein kartesisches Produkt nur aus einer Menge A gebildet wird, also $A \times A \times \ldots \times A = A^m$. Die Elemente von A^m bezeichnet man als m-stelligen Vektor oder eindimensionales Feld oder eindimensionales array. Faßt man n solcher m-stelligen Vektormengen zum Wertebereich $A^m \times A^m \times \ldots \times A^m = (A^m)^n = A^{n \cdot m}$ zusammen, so nennt man deren Elemente eine $n \times m$-Matrix (mit n Zeilen und m Spalten) oder ein 2-dimensionales array. Die Zusammenfassung von k solcher Matrizen führt zu einem 3-dimensionalen array usw. Sei ein Datentyp mit dem Namen T gegeben, so definiert man diese Datenstrukturen durch

     type vektor is array [1..m] of T bzw.

```
type matrix is array [1..n, 1..m] of T  bzw.
type wuerfel is array [1..k, 1..n, 1..m] of T  usw.
```

Auf die Komponenten greift man durch Angabe des Index zu. Seien z.B. n=6, m=9, x eine Variable vom Typ vektor und y eine vom Typ matrix, dann ist x[4] die vierte Komponente des Vektors x und y[3,2] das zweite Element der dritten Zeile von y. Der einzige auf arrays definierte Operator ist also wiederum die Projektion auf eine Komponente, die durch die Angabe von Indizes in eckigen Klammern zugreifbar ist.

Hinweise: Statt des Intervalls [1..m] kann auch eine beliebige Teilmenge, siehe Punkt 1 oben, verwendet werden, zum Beispiel (vgl. Typ Farbe in 3.2.1,6.):

```
type matrix1 is array [-8..12, gelb..blau] of T .
```

Wenn auf dem zugrundeliegenden Datentyp T ein Operator op zugelassen ist, so wird meist der gleiche Operator op auf den arrays erlaubt, indem man sie für jede Komponente ausführt. Ein Beispiel ist die Addition + von Matrizen über dem Datentyp integer (n=3, m=4):

$$
\begin{pmatrix} 6 & 8 & 13 & -5 \\ -2 & 7 & 90 & 11 \\ 4 & 10 & -11 & 9 \end{pmatrix} + \begin{pmatrix} 44 & -6 & 12 & 0 \\ 6 & 2 & -12 & 2 \\ 0 & 1 & -9 & -9 \end{pmatrix} = \begin{pmatrix} 50 & 2 & 25 & -5 \\ 4 & 9 & 78 & 13 \\ 4 & 11 & -20 & 0 \end{pmatrix}
$$

read(M) liest eine Matrix M zeilenweise ein, write(M) druckt sie ebenso aus.

Als Beispiel betrachten wir die Multiplikation zweier $[n, n]$-Matrizen über den reellen Zahlen $A \cdot B = C$, wobei für alle $i, j = 1, \ldots, n$ gilt:

$$
c_{i,j} = \sum_{1 \le k \le n} a_{i,k} \cdot b_{k,j}
$$

Algorithmus 7: Matrixmultiplikation

```
type matrix is array [1..n, 1..n] of real;
x: real; A, B, C: matrix; i, j, k, n: integer;
read(n); read(A); read(B);
for i:=1 to n do
    for j:=1 to n do
        x:=0.0;
        for k:=1 to n do x := x + A[i,k]*B[k,j] od;
        C[i,j] := x
    od
od;
write(C)
```

Aufwand dieses Verfahrens: Es werden n^3 Additionen und n^3 Multiplikationen durchgeführt. Für große Matrizen mit $n = 100.000$ Zeilen und Spalten ist dies in der Praxis zu zeitaufwendig.

4. Folgenbildung (Listen). Bei einem array werden die Dimension und die jeweiligen Stelligkeiten vorab festgelegt. Will man dies offenlassen, so kann man Folgen oder Wörter über einer Menge A, also die Menge A^* verwenden. ε ist das leere Wort und „$\circ$" das Aneinanderfügen von Wörtern (vgl. Def. 2). Man faßt A als Teilmenge von A^* auf, nämlich als die Menge der Folgen der Länge 1.

Sei nun T ein Datentyp mit einem Wertebereich A. Dann definiert man den zu A^* gehörenden Datentyp durch

type folgen is list of T   oder   type folgen is [1..∞] of T

(a) Keller. Ein Keller oder Stapel (engl.: pushdown oder stack) arbeitet wie eine Groschenbox oder wie ein Ablagekorb: Was zuletzt hineingegeben wurde, wird als erstes wieder entfernt. Ein Keller ist also eine Folge mit den zulässigen Operatoren push, pop, top, isempty und empty, die wie folgt definiert sind:

push : $A^* \times A \to A^*$ mit push$(u, a) = ua$ für alle $u \in A^*$ und alle $a \in A$.

pop : $A^* \to A^*$ mit pop$(va) = v$ für alle $a \in A$ und $v \in A^*$, sowie pop$(\varepsilon) = \varepsilon$.

top : $A^* \to A$ mit top$(va) = a$ für alle $a \in A$ und $v \in A^*$; top(ε) ist undefiniert.

isempty : $A^* \to \mathbb{B}$ mit isempty$(\varepsilon) = 1$ und isempty$(u) = 0$ für alle $u \in A^*, u \neq \varepsilon$.

empty : $A^* \to A^*$ mit empty$(u) = \varepsilon$ für alle $u \in A^*$.

Beispiel : Spiegelung einer Folge. Zahlenfolgen werden beschrieben durch

type zahlenfolge is list of integer.

Algorithmus 8:   Spiegeln einer Zahlenfolge

```
a: integer; z: zahlenfolge;          % a ist vom Typ integer usw.
empty(z);
while not eof do read(a); push(z,a) od;
while not isempty(z) do write(top(z)); pop(z) od
```

Algorithmus 8 liest zunächst die gesamte Eingabe (sofern sie nur aus Zahlen besteht) mit der ersten while-Schleife in den Keller z ein und gibt danach diese Zahlen mit der zweiten while-Schleife in umgekehrter Reihenfolge wieder aus („Spiegelung" der Folge).

(b) Schlangen. Eine Schlange (engl.: queue) funktioniert wie eine Warteschlange vor einem Schalter: Hinten stellen sich Personen an, vorne werden sie nacheinander abgefertigt und wieder aus der Schlange entfernt. Auf Schlangen werden die Operatoren head (erstes Element der nichtleeren Folge), push (füge ein Element ans Ende an), remove (lösche erstes Element der nichtleeren Folge), isempty (Test auf leere Folge) und empty (leere Folge ε erzeugen) definiert. Auf Details verzichten wir hier.

(c) Listen. Folgen, also Elemente aus der Menge A^*, eignen sich gut, um einen Datenbestand laufend zu erneuern, so wie man es von einem Karteika- sten gewöhnt ist: Der Inhalt jeder Karte aus der Kartei ist ein Element aus A und die Hintereinanderreihung im Kasten liefert die Folge aus A^*. Hierfür benötigt man ständig die soeben betrachtete Stelle im Kasten (Position in der Folge) und folgende Operatoren: pos liefert das betrach- tete Element, insert (füge an dieser Position eine neue Karteikarte, d.h. ein Element aus A oder auch aus A^* ein), delete (entferne die gerade betrachtete Karteikarte), next (Übergang zur nächsten folgenden Stelle), reset (Positionswechsel zur ersten Karte), rewrite (Löschen des gesam- ten Karteikastens bzw. Initialisierung mit der leeren Folge ε) und push (Anfügen einer Karteikarte am Ende). Formal betrachtet zerlegt die Po- sition eine Folge in die Teilfolge, die vor der betrachteten Stelle steht, in die Teilfolge, die hinter der betrachteten Stelle steht, und in das betrach- tete Element. Befindet man sich beispielsweise in der Buchstabenfolge u=AXCWTHTRDFE an der vierten Stelle, so liegt folgende Zerlegung vor: AXC , W , THTRDFE

pos(u) ist	W
next(u) liefert	AXCW , T , HTRDFE
insert(u,BBB) liefert	AXC , B , BBWTHTRDFE
delete(u) liefert	AXC , T , HTRDFE
reset(u) liefert	ε, A , XCWTHTRDFE
rewrite(u) liefert	ε, ε, ε

Oft benutzt man auch den Operator pred (Vorgängerposition):

pred(u) liefert	AX , C , WTHTRDFE

Diese Darstellung einer Folge als Element aus $A^* \times (A \cup \{\varepsilon\}) \times A^*$ nennen wir Liste, wobei das ε nur dann in der Mitte auftreten darf, wenn diese leer ist oder wir uns am Ende der Liste befinden. Die Liste heißt „ein- fach verkettet", wenn pred nicht zugelassen ist, sonst heißt sie „doppelt verkettet". Auf die exakte Definition der Operatoren verzichten wir hier.

Für Listen hat sich eine grafische Darstellung durchgesetzt, die an die Auffädelung einer Perlenschnur erinnert. Z.B. beschreibt man die Liste AX , C , W als einfach verkettete Liste durch Zeiger auf das jeweils nächste Element (siehe Abb. 3.1) bzw. als doppelt verkettete Liste (siehe Abb. 3.2).

Mit diesen Zeigerstrukturen („Geflechten") kann man auch beliebige Gra- phen darstellen, indem man anstelle der Buchstaben wiederum Zeiger als Elemente verwendet oder mehr als nur zwei Felder für die Aufnahme von Zeigern zuläßt.

Als Beispiel für die Verwendung einer doppelt verketteten Liste betrach- ten wir eine einfache Mustererkennung: Stelle fest, ob ein Text v in einem

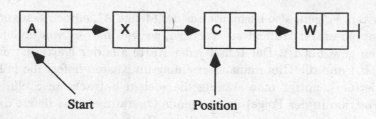

Start   Position

Abbildung 3.1: Einfach verkettete Liste

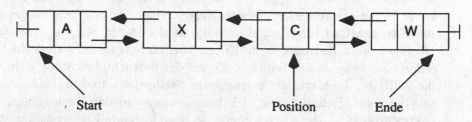

Start   Position   Ende

Abbildung 3.2: Doppelt verkettete Liste

Text u vorkommt. Genauer: Sei Σ ein Alphabet von Zeichen (z.B. die Zeichen, die auf einer Tastatur vorkommen). Dann ist ein Text eine Folge solcher Zeichen, also ein Element aus Σ^*. Die Aufgabe lautet: Stelle zu $u, v \in \Sigma^*$ fest, ob v in u vorkommt, d.h., ob es $x, y \in \Sigma^*$ gibt mit $u = xvy$. Hierzu schreiben wir u und v in je eine Liste und vergleichen dann für jede Position von u, ob v ab dort steht. Die Texte u und v mögen jeweils mit dem Zeichen „#", das sonst nirgendwo vorkommen darf, abgeschlossen sein. Dieses Zeichen verwenden wir auch als Abschlußzeichen der Listen, wodurch sich deren Ende leicht erkennen läßt.

Algorithmus 9:   Teilworterkennung

```
type text is list of char;
a: char; u, v: text; schluss: {ja,nein,weiter};
rewrite(u); rewrite(v);
read(a); while a≠# do push(u,a); read(a) od; push(u,a);
read(a); while a≠# do push(v,a); read(a) od; push(u,a);
reset(u); reset(v); schluss:=weiter;
while schluss=weiter do
  reset(v);
  while (pos(u)=pos(v)) and (pos(u)≠#) and (pos(v)≠#)
    do next(u); next(v) od;        % Test auf Gleichheit und Ende
  if pos(u)=# then                 % Eventuell Ende der Berechnung
    if pos(v)=# then schluss:=ja else schluss:=nein fi
  else if pos(v)=# then schluss:=ja fi
  fi
                                   % Der verbleibende else-Fall ist: weiter prüfen
od;
```

```
if schluss=ja then write("Text ist enthalten")
else write ("Text ist nicht enthalten") fi
```

Dieser Algorithmus ist nicht besonders effizient, denn er benötigt im ungünstigsten Fall $|v|$ Schritte für jede zu testende Position von u, also insgesamt etwa $|u| \cdot |v|$ Schritte. Es gibt bessere Verfahren, die mit $|u| + |v|$ Schritten auskommen, siehe Literatur.

Anmerkungen: Die Datenstruktur „Liste" gibt es in den meisten Programmiersprachen, allerdings in unterschiedlicher Form. Läßt man nur die Operatoren reset, rewrite, pos, next und push (das Anfügen ist also nur am Ende erlaubt) zu, dann spricht man von einer „sequentiellen Datei" oder einem „sequentiellen File". Von dieser Struktur sind die Eingabe und die Ausgabe von Programmen.

5. Potenzmengen. Viele Problemlösungen werden mit Hilfe von Mengen beschrieben. Hierbei treten regelmäßig Teilmengen, also Elemente der Potenzmenge auf. Sei T ein Datentyp mit einem Wertebereich A. Dann definiert man den zur Potenzmenge 2^A von A gehörenden Datentyp durch

   type pm is set of T.

Auf der Potenzmenge sind die Operatoren Vereinigung, Durchschnitt, Komplement und Differenz definiert ($\cup$, $\cap$, $\bar{\ }$, $\backslash$). In Programmiersprachen werden diese meist mit bekannten Operationszeichen (z.B. +, *, not und -) bezeichnet.

6. Funktionenräume. Durch eine Funktion f werden Elemente einer Menge A den Elementen einer Menge B zugeordnet (A darf gleich B sein). Dies kann explizit durch Angabe einer Tabelle mit zwei Spalten geschehen, wobei in der ersten Spalte jedes Element a von A und rechts daneben in der zweiten Spalte der jeweilige Funktionswert $f(a)$ stehen. In der Informatik wird jedoch die Berechnungsvorschrift, wie $f(a)$ aus a für jedes $a \in A$ entsteht, angegeben. Eine Funktion ist also ein Algorithmus, der durch ein (Unter-) Programm beschrieben wird. Seien nun T und U zwei Datentypen mit den Wertebereichen A und B, dann könnte man die zur Menge der (partiellen) Funktionen $\{f \mid f : A \to B\}$ gehörende Datenstruktur definieren durch

   type funktAB is function from T to U

Elemente dieser Struktur sind Algorithmen (dargestellt als Programm). In den meisten Programmiersprachen ist eine solche Definition nicht möglich; vielmehr läßt sich nur ein einzelnes Element, also eine ganz konkrete Funktion definieren (genannt Prozedur oder Unterprogramm).

Beispiel: Näherungsweise Integration. Gegeben sei eine Funktion $f : \mathbb{R} \to \mathbb{R}$. Gesucht ist das Integral im Intervall $[a, b]$:

$$\int_a^b f(x)dx \approx \sum_{i=0}^{n-1} f(x_i) \cdot h$$

Dieses Integral kann angenähert werden durch eine Summe von Rechtecken. Hierzu unterteilt man das Intervall von a bis b in n gleiche Teile der Länge $h := (b-a)/n$ und nennt $x_i := a+i \cdot h$ die i-te Stützstelle ($i = 0, 1, \ldots, n$), siehe Abb. 3.3. Je größer n gewählt wird, umso genauer stimmen im allgemeinen das Integral und die Summe überein.

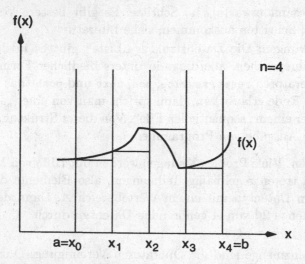

Abbildung 3.3: Integralberechnung durch Näherung

Algorithmus 10:   Angenäherte Integralberechnung

```
type funktreell is function from real to real;
a, b, h, x, sum: real; n, i: integer; f: funktreell;
read(f,a,b,n); h:=(b-a)/n; sum:=0.0; x:=a;
for i:=0 to n-1 do
  sum:= sum + h*f(x);
  x:=x+h
od;
write(sum)
```

3.2.3   Dateien

Unter einer *Datei* oder einem *File* versteht man eine Speicherform, die vor allem zur Speicherung von Daten auf Bändern und auf Plattenspeichern geeignet ist. Abstrakt gesehen ist eine Datei ein Wort über einer Menge M, wobei M ein kartesisches Produkt ist, d.h. eine Datei ist meist eine Folge von records (siehe Punkte 2 und 4 in Abschnitt 3.2.2). Die record-Elemente nennt man *Datensätze*. Eine Datei aus Anschriften der Form „Name, Vorname, Straßenname, Hausnummer, Postleitzahl, Ort" kann also folgendermaßen beschrieben werden (die Länge von name, vornamen, usw. sind willkürlich gewählt):

```
type anschrift is record
  name : array [1..20] of char;
  vornamen : array [1..30] of char;
  strasse : array [1..25] of char;
  hausnummer : [1..1000];
  postleitzahl : array [1..5] of {0,1,2,3,4,5,6,7,8,9};
  ort : array [1..25] of char;
end;
type anschriftendatei is list of anschrift;
```

Dateien werden, um schneller auf Untereinheiten zugreifen zu können, meist unterteilt. Ihre Verwaltung wird vom Betriebssystem eines Rechnersystems übernommen. Näheres siehe Abschnitt 6.2.3.

3.2.4 Aufbau von Programmen

Ein Programm beginnt mit einem Namen und eventuell mit Festlegungen, welche Informationen aus anderen Programmen, speziell aus Programmbibliotheken, benötigt werden, welche Besonderheiten eines Rechners genutzt werden, welche Daten und Algorithmen von anderen Programmen verwendet werden dürfen usw. Dann folgt die Deklaration oder Vereinbarung aller Datenstrukturen, aller Variablen mit ihren Datentypen (mit dem Schlüsselwort var) und aller Unterprogramme (siehe Abschnitt 3.3). Anschließend stehen die Anweisungen. Von diesem Aufbauschema gibt es in der Praxis viele Varianten.

3.3 Unterprogramme

3.3.1 Prozedurdeklarationen

Hat man einmal einen Algorithmus erstellt, dann kann man ihn zu einer Vorschrift zusammenfassen und in andere Algorithmen einbinden. Eine solche Zusammenfassung unter einem Namen nennt man eine *Prozedur* oder ein *Unterprogramm*. Hierbei muß man nach einem Schlüsselwort (oft: procedure) einen Namen angeben und festlegen, für welche Variablen Werte einzugeben sind und welche das Ergebnis enthalten werden (Prozedurkopf). Anschließend kann man den eigentlichen Algorithmus anfügen (Prozedurrumpf). Der Algorithmus 3 (siehe Abschnitt 3.1.4) zur Berechnung des größten gemeinsamen Teilers würde dann lauten:

```
procedure ggT1 (in a, b: integer; out a: integer);
                                      % a und b haben Außenwirkung
  var r: integer;                     % r wird nur im Algorithmus benutzt
  begin                               % Nun bleibt alles unverändert
    if (a=0) and (b=0) then write("keine Lösung")
    else
```

```
    if a<b then r:=a; a:=b; b:=r fi;
    while b≠0 do r:=b; b:=a mod b; a:=r od;
                                    % Am Ende steht der gesuchte ggT in a.
  fi
end;
```

ggT1 ist der Name dieses Algorithmus; die Variablen a und b erhalten anfangs ihre Werte von außen, das Ergebnis steht am Ende in der Variablen a. Die Variable r wird nur innerhalb der Prozedur verwendet, sie ist eine lokale Variable und wird daher nicht im Prozedurkopf aufgeführt.

Man erkennt, daß man einen Algorithmus nicht wörtlich übernehmen darf. Denn im Falle a=0 und b=0 gibt es keine Lösung; dies wird zwar ausgedruckt, doch der Algorithmus, der diese Prozedur ggT1 verwendet, erfährt davon nichts und rechnet mit dem Wert, der in a steht, weiter. Will man dieses abfangen, so darf entweder der Algorithmus, der ggT1 verwendet, nur Werte ungleich 0 vorgeben oder man muß eine weitere Boolesche Variable „korrekt" mitführen, die am Ende den Wert true besitzt, wenn eine Lösung existierte, und anderenfalls den Wert false:

```
procedure ggT2 (in a, b: integer; out a: integer, korrekt: boolean);
  var r: integer;
  begin
    if (a=0) and (b=0) then korrekt:= false            % keine Lösung
    else
      if a<b then r:=a; a:=b; b:=r fi;
      while b≠0 do r:=b; b:=a mod b; a:=r od;
      korrekt := true                       % Am Ende steht der gesuchte ggT in a.
    fi
  end;
```

In einen anderen Algorithmus A können wir nun diese Prozedur ggT2 einfügen und sie irgendwo durch die Anweisung ggT2(18,244,z,b); ausführen lassen. In die Variablen a und b der Prozedur ggT2 werden dann als erstes die Werte 18 und 244 übernommen, dann wird ggT2 durchgerechnet, und am Ende steht in der Variablen z des Algorithmus A das Ergebnis und in der Variablen b des Algorithmus A der Boolesche Wert, der angibt, ob die Lösung existiert oder nicht. Man beachte, daß der Name b hier doppelt auftritt: einmal als integer-Variable in der Prozedur ggT2 und einmal als Boolesche Variable im Algorithmus A. Dieser Namenskonflikt stört jedoch nicht, denn man vereinbart für Prozeduren, daß alle Variablen, die innerhalb der Prozedur (also im Kopf oder im Rumpf) eingeführt werden, neue Variablen sind und nichts mit den Variablen zu tun haben, die außerhalb der Prozedur definiert wurden.

In der Praxis werden in- und out-Variablen im Prozedurkopf nicht unterschieden. Vielmehr listet man nur die Namen von Objekten, die den Informationsaustausch zwischen der Prozedur und der Umgebung herstellen, einschließlich ihrer Typen auf. Diese im Prozedurkopf aufgeführten Größen nennt man *formale Parameter* der Prozedur. Wir werden im nächsten Abschnitt sehen, daß diese Kopplung mit der Umgebung je nach Übergabeart unterschiedlich sein kann, so daß noch die Übergabeart anzugeben ist. Wir verwenden daher das in Abb. 3.4 dargestellte Schema für Prozeduren.

```
procedure < Name für den Algorithmus > (Liste von Variablennamen
              einschließlich ihrer Typen und der Übergabeart);
     < Deklaration der lokalen Variablen und sonstigen Größen,
       auch andere Prozeduren sind hier erlaubt >;
     begin
              < exakte Beschreibung des zu definierenden Algorithmus >
     end
```

Abbildung 3.4: Schema für Prozeduren

Soll eine Prozedur an einer bestimmten Stelle des Algorithmus ausgeführt werden, so schreibt man dort ihren Namen hin und gibt dann in Klammern genau so viele Größen (sog. *aktuelle Parameter*) an, wie die Prozedur formale Parameter besitzt. Dies nennt man einen *Prozeduraufruf* (engl.: procedure *call*); er wird als elementare Anweisung (vgl. Abschnitt 3.1.2) angesehen. Die aktuellen Parameter werden nun in der Reihenfolge, in der sie im Prozeduraufruf aufgelistet sind, den formalen Parametern zugeordnet. Drei mögliche Übergabemechanismen beschreiben wir im folgenden Abschnitt.

3.3.2 Übergabemechanismen

Es gibt viele Möglichkeiten, um eine Prozedur zu nutzen; am häufigsten sind:

- Man läßt Hilfswerte berechnen (z.B. den ggT von Zahlen). In diesem Fall genügt es, der Prozedur die Werte der aktuellen Parameter zu übergeben; man muß zusätzlich Variablen angeben, denen am Ende die Ergebnisse der Prozedur zugewiesen werden. Dieser Übergabemechanismus heißt Wertübergabe oder *call by value*. Einem formalen Parameter, der in der Prozedur nur am Ende einen Wert zugewiesen erhält, geben wir ein result mit.

- Man kann auf den vorhandenen Variablen Operationen ausführen lassen (z.B. Sortieren einer Liste). Dann darf man nicht die Werte, sondern muß Verweise auf die zu verändernden Variablen übergeben. Diesen Übergabemechanismus nennt man *call by reference*.

- Man kann im Prozedurrumpf einheitlich Ersetzungen vornehmen und anschließend den modifizierten Rumpf ausführen. Werden die formalen Parameter textuell durch ihre zugehörigen aktuellen Parameter ersetzt, so spricht man vom *call by name.*

Wir betrachten ein künstliches Beispiel, an dem die Unterschiede klar werden. Gegeben sei ein Algorithmus, in dem folgende Prozedur bsp, folgendes Feld a, folgende weitere Variablen und folgender Prozeduraufruf vorkommen:

```
...
type zweierfeld is array [1..2] of integer;
var a: zweierfeld; i, s: integer;
procedure bsp (x: zweierfeld, y: integer, result z:integer);
  var i: integer;
  begin
    for i:=1 to 2 do x[1] := y + x[i] od;
    z:=x[1]
  end;
...
a[1] := 4; a[2] := -3; i:=1;
bsp (a, a[i], s);
...
```

Fall 1: Wertübergabe (Call by value)   In diesem Fall werden beim Prozeduraufruf „bsp (a, a[i], s)" zunächst die Werte des Feldes a und der Variablen a[1] (i ist gleich 1) ermittelt und in das Feld x und die Variable y der Prozedur übertragen. Es gilt dann also x[1]=4, x[2]=-3, y=4. Dann wird (für i=1 im Prozedurrumpf) die Anweisung x[1]:=y+x[1] ausgeführt; nun gilt also x[1]=8, x[2]=-3, y=4. Dann wird (für i=2) die Anweisung x[1]:=y+x[2] ausgeführt; nun gilt also x[1]=1, x[2]=-3, y=4. s erhält durch z:=x[1] am Ende des Prozeduraufrufs den Wert 1.

Fall 2: Call by reference   Beim Prozeduraufruf wird x[1] ein Zeiger auf die Variable a[1], x[2] ein Zeiger auf die Variable a[2] und y ein Zeiger auf a[1] (i ist gleich 1). Dann wird (für i=1 im Prozedurrumpf) die Anweisung x[1]:=y+x[1] ausgeführt: Die Inhalte von a[1] und a[1] werden addiert und a[1] zugewiesen; es gilt also a[1]=8, a[2]:=-3. Dann wird (für i=2) die Anweisung x[1]:=y+x[2] ausgeführt; die Inhalte von a[1] (diese Variable hat nun den neuen Inhalt 8) und von a[2] werden addiert und a[1] zugewiesen; nun gilt a[1]=5, a[2]=-3. s erhält durch z:=x[1] am Ende des Prozeduraufrufs den Wert 5.

Fall 3: Call by name   Hier werden im Prozedurrumpf x textuell durch a und y durch a[i] ersetzt; z bleibt wegen **result** unverändert. Der Rumpf

```
begin
  for i:=1 to 2 do x[1] := y + x[i] od;
  z:=x[1]
end;
```

wird also zu

```
begin
  for i:=1 to 2 do a[1] := a[i] + a[i] od;
  z:=a[1]
end;
```

Dies wird nun ausgerechnet. Für i=1 liefert a[1] := a[i] + a[i] den Wert a[1]=8. Für i=2 liefert a[1] := a[i] + a[i] den Wert a[1]=-6. a[2]=-3 bleibt jedesmal unverändert. s erhält durch z:=a[1] am Ende des Prozeduraufrufs den Wert -6.

Es ist nicht leicht, die Wirkungen der Übergabemechanismen call by reference und call by name zu durchschauen. Es empfiehlt sich daher, möglichst nur die Übergabeform call by value zu verwenden.

Hinweise:

a. In Programmiersprachen wird eine Prozedur, die nur einen Ergebniswert liefert, durch eine sog. Funktion realisiert. Der Zusatz result entfällt dann.

b. Call by name führt zu Namenskonflikten, indem Variablennamen, die außerhalb der Prozedur existieren, hierbei zu lokalen Bezeichnern werden. In unserem Beispiel wird y durch a[i] ersetzt, wobei die Variable i, die ursprünglich die außerhalb von bsp definierte Variable i bezeichnete, nach der Übergabe sich plötzlich auf die innerhalb von bsp definierte lokale Variable i bezieht. In den wenigen Programmiersprachen, die das call by name zulassen, behält man den ursprünglichen Bezug gerne bei, wodurch sich eine weitere Variante der Übergabe ergibt.

3.3.3 Rekursion

Ein spezieller Fall liegt vor, wenn in einer Prozedur A diese Prozedur selbst wieder aufgerufen wird. Dieser Selbstaufruf heißt *Rekursion* und wird in der Informatik oft und mit Erfolg verwendet.

Beispiel: Ein Feld a von n Elementen läßt sich folgendermaßen sortieren:
Besitzt das Feld nur ein Element, d.h. ist n=1, dann ist es sortiert.
Im anderen Fall n>1 suche man die Position pos, an der das größte Element des Feldes steht. Dann vertausche man die Inhalte der Felder pos und n (nun steht das größte Element in a[n]) und führe das gleiche Verfahren für das Feld von 1 bis n-1 durch.

Als Programm geschrieben lautet dieser Algorithmus:

Algorithmus 11:

```
n, i: integer;                                      % n > 0 sei vorgegeben
a: array[1..n] of integer;
procedure SucheMax(m: integer);
  var i, maximum, pos: integer;
  begin
    if m>1 then                                     % nichts tun im Falle m ≤ 1
      maximum := a[1]; pos := 1;                     % Initiiere Maximumsuche
      for i:=2 to m do
        if a[i] > maximum then maximum := a[i]; pos:= i fi
      od;                                           % Das Maximum steht nun in a[pos]
      a[pos] := a[m]; a[m] := maximum;
      SucheMax(m-1)                                  % rekursiver Aufruf von SucheMax
    fi
  end;

                                                    % Hier beginnt der Algorithmus
  for i:=1 to n do read(a[i]);                       % Einlesen der Liste von Zahlen
  SucheMax(n);                                       % Prozeduraufruf
  for i:=1 to n do write(a[i])                       % Ausgabe der sortierten Zahlen
```

Man beachte, daß der Algorithmus eine Variable i benutzt und daß auch die Prozedur eine lokale Variable i besitzt; diese beiden Variablen sind verschieden, auch wenn sie den gleichen Namen tragen, da sie in verschiedenen Prozeduren definiert sind (man kann den gesamten Algorithmus natürlich ebenfalls als eine Prozedur auffassen). Weiterhin wird in SucheMax der Name a verwendet; dies ist erlaubt, da er in einem Programmteil, das die Prozedur SucheMax umfaßt, definiert wird; a ist also eine globale Variable für die Prozedur.

Die Prozedur SucheMax wird mit dem Parameter n, also der Länge des gesamten Feldes mittels call by value aufgerufen. Falls n größer als 1 ist, wird das Maximum der Zahlen a[1] bis a[n] in das Feldelement a[n] getauscht; dieses Element steht nun also an der richtigen Stelle, und die Prozedur SucheMax wird erneut für das um eine Zahl kürzere Feld von a[1] bis a[n-1] aufgerufen. Offensichtlich führt dieses Vorgehen zum sortierten Feld.

Es gibt einige Standardbeispiele für die Verwendung der Rekursion: Die Fakultätsfunktion, die Türme von Hanoi, Quicksort und die Tiefensuche in Graphen. Auf die Türme von Hanoi gehen wir hier nicht ein, Quicksort wird in Abschnitt 4.5, die Tiefensuche in Abschnitt 4.2 beschrieben.

Die *Fakultätsfunktion fak* von einer natürlichen Zahl n ist definiert als das Produkt der ersten n Zahlen; rekursive Schreibweise hierfür:

$$fak(n) = \begin{cases} 1, & \text{falls } n = 0 \\ n \cdot fak(n-1), & \text{falls } n \geq 1 \end{cases}$$

Die rekursive Prozedur lautet mit call-by-value-Übergabe von n:

```
procedure fak(n:natural, result x:natural);
    var y: natural;
    begin
      if n=0 then x:=1 else fak(n-1,y); x:=n*y fi
    end;
```

Mit dem Aufruf fak(11,k) wird die Fakultät von 11 berechnet und in k gespeichert.

Rekursion liegt auch vor, wenn eine Prozedur sich über mehrere andere Prozeduren aufruft (indirekte Rekursion). Ein einfaches Beispiel ist die Prüfung der Eigenschaft, ob eine Zahl gerade (even) oder ungerade (odd) ist.

```
procedure even(n: integer, result b: boolean);
    begin if n=0 then b:=true else odd(n-1,b) fi end;
procedure odd(n: integer, result b: boolean);
    begin if n=0 then b:=false else even(n-1,b) fi end;
```

Diese beiden Prozeduren rufen sich gegenseitig auf. Bei jedem Aufruf werden die Variablen, die die formalen Parameter darstellen, neu angelegt. Über die Kette der Variablen, die alle den gleichen Namen b tragen, wird der Wert, auf den man bei n=0 stößt, weitergereicht. Ist die ursprüngliche Zahl n, mit der even(n,c) oder odd(n,c) aufgerufen wird, kleiner als Null, so terminieren die Aufrufe nicht und das Verfahren hält nicht an. Ist dagegen n = 0, dann erhält die Boolesche Variable b den Wert true, falls n eine gerade Zahl ist, und anderenfalls false.

3.4 Prozesse

Bisher haben wir isolierte Probleme gelöst, also Fragestellungen, die von einem einzelnen Gerät bearbeitet werden. Jede solche isoliert ablaufende Aktivität nennen wir einen *Prozeß*. In der Praxis arbeiten aber viele Einheiten zusammen, die sich untereinander durch Nachrichten informieren oder die auf gemeinsame Datenbestände zugreifen. Diese beiden Möglichkeiten, Prozesse miteinander zu koppeln und gemeinsam an einer Aufgabe arbeiten zu lassen, sollen nun vorgestellt werden.

Zur Bezeichnung: Ein Prozeß ist ein Algorithmus, der von einer einzelnen Recheneinheit (von einem „Prozessor") bearbeitet werden kann. Von einem Prozeß spricht man meist nur dann, wenn es weitere Prozesse gibt, mit denen Informationen ausgetauscht werden müssen oder mit denen der gegebene Prozeß synchronisiert werden muß. Setzt sich ein Algorithmus aus vielen Prozessen zusammen, so spricht man von einem verteilten Algorithmus (oder in der Praxis von einem verteilten System); die Prozesse laufen *nebenläufig* (engl.: *concurrent*) zueinander ab. Meist treten Prozesse zueinander in Konkurrenz (dies ist im englischen Wort „concurrent" mitenthalten). Zum Beispiel konkurrieren bei der Flugreservierung die einzelnen Buchungsprozesse in den verschiedenen Touristikbüros um den Zugang zu der Datenbank, in der die Reservierungen vermerkt werden. Von *parallelen* Prozessen spricht man meist nur dann, wenn sie gleichzeitig nebeneinander durchgeführt werden; dagegen sagt der Begriff „nebenläufig" nichts über die Zeitpunkte aus, zu denen die Prozesse ausgeführt werden. Ein einzelner Algorithmus ohne Nebenläufigkeiten heißt auch sequentieller Algorithmus.

3.4.1 Gemeinsame Speicherbereiche (shared memory)

Das Modell hierfür ist in Abb. 3.5 skizziert.

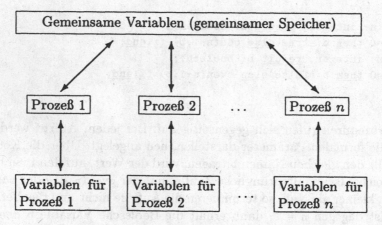

Abbildung 3.5: Nutzung gemeinsamer Variablen durch n Prozesse

Die einzelnen Prozesse (Algorithmen) arbeiten unabhängig voneinander. Sie können auch verschieden schnell arbeiten, so daß der erste Prozeß schon zu Ende sein kann, wenn der zweite oder der siebente gerade erst beginnt. Die Prozesse werden also nicht im gleichen Zeittakt ausgeführt, und sie müssen sich nicht synchronisieren. Sie können sich aber untereinander abstimmen, indem jeder Prozeß gewisse Werte in den gemeinsamen Variablen ablegt, die von anderen Prozessen gelesen werden können und dann deren Arbeitsweise beeinflussen.

Mehrere Prozesse, die nach diesem „shared-memory"-Modell miteinander gekoppelt sind, beschreiben wir, indem wir zunächst die Variablen, die alle Prozesse gemeinsam benutzen dürfen, auflisten und dahinter die einzelnen Algorithmen für jeden Prozeß angeben. Die Ein- und Ausgabe (read und write) lassen wir bei den einzelnen Prozessen weg und notieren, welche gemeinsamen Variablen zu Beginn mit Werten gefüllt (durch Einlesen oder durch Zuweisungen) und welche Variablen am Ende ausgegeben werden (write). Abb. 3.6 zeigt das Schema.

```
┌─────────────────────────────────────────────────────────────────────────┐
│  < Name für das gesamte System von Prozessen >  ≡                        │
│    shared memory: < Liste der gemeinsamen Variablen mit ihren Typen >;   │
│                   < Anfangsbelegung gewisser Variablen >;                │
│                   read (<Liste gemeinsamer Variablen>);                  │
│                   write(<Liste gemeinsamer Variablen>);                  │
│    < Definitionen von Prozeßschemata >;                                  │
│    cobegin                                                               │
│    < Name des 1. Algorithmus > :: begin < 1. Algorithmus > end ||       │
│    < Name des 2. Algorithmus > :: begin < 2. Algorithmus > end ||       │
│                                                                          │
│    ...                                                                    │
│    < Name des n. Algorithmus > :: begin < n. Algorithmus > end          │
│    coend                                                                 │
└─────────────────────────────────────────────────────────────────────────┘
```

Abbildung 3.6: Schema für ein System von Prozessen

Jeder Algorithmus darf eigene Typen und eigene Variablen besitzen; solche Variablen nennt man *lokale Variablen*. Die read- und write-Anweisungen dürfen fehlen. cobegin und coend stehen für „concurrency begin" (Anfang der Nebenläufigkeit) und „concurrency end" (Ende der Nebenläufigkeit). Die beiden senkrechten Striche „ | | " trennen die nebenläufigen Prozesse. Wir gewöhnen uns jetzt zugleich daran, daß in der Informatik allen Einheiten ein Name als *eindeutige Identifizierung* gegeben wird, was zum einen das Verstehen großer Programme deutlich verbessert und zum anderen für die Bearbeitung in einem Rechner unverzichtbar ist. Die Prozeßschemata werden verwendet, wenn mehrere Prozesse ähnlich aufgebaut sind, siehe unten.

Beispiel: Durchsuchen eines Feldes nach einem Wert. Gegeben seien ein Feld W von n Werten eines anderweitig definierten Datentyps „wert" (z.B. ganze Zahlen oder Texte) und ein solcher Wert a. Stelle fest, ob a in dem Feld vorkommt. Hierzu starten wir zwei Prozesse, von denen der eine das Feld von vorne nach hinten und der andere von hinten nach vorne durchsucht. i und nhalbe sind hierbei lokale Variablen der beiden Prozesse. Über eine gemeinsame Boolesche Variable „ende" teilen sich die Prozesse mit, ob der Wert a gefunden wurde.

```
Doppelsuche ≡                              % der Datentyp wert sei anderweitig definiert
  shared memory: n: integer; W: array [1..n] of wert;
                 a: wert; ende: boolean; pos: integer;
                 ende := false; pos:=0;              % Anfangswerte setzen
                 read(a);                            % n und W seien bereits zugewiesen
                 write(pos);
  cobegin
  Von_unten_Suche::
           begin
               i, nhalbe: integer;
               nhalbe := (n+1) div 2; i := 1;
```

```
            while not ende and i≤nhalbe and a≠W[i] do i := i+1 od;
            if a=W[i] then ende := true; pos := i fi
        end
||
Von_oben_Suche::
        begin
            i, nhalbe: integer;
            nhalbe := (n+1) div 2; i := n;
            while not ende and i>nhalbe and a≠W[i] do i := i-1 od;
            if a=W[i] then ende := true; pos := i fi
        end
coend
```

Vorsicht: Dieses Programm enthält Fehler. Welche? (Lösung weiter unten.)

Dieses Gesamtprogramm liefert eine Position, an der der Wert a im Feld W steht, sofern er dort vorkommt, und eine Null anderenfalls. Kommt a sowohl in der unteren Hälfte von W[1] bis W[(n+1) div 2] als auch in der oberen Hälfte von W[(n+1) div 2 +1] bis W[n] vor, so läßt sich nicht vorhersagen, welche der Positionen ausgegeben wird. Das Programm ist also nichtdeterminiert.

Fragt man zwischenzeitlich den Wert von pos ab und erhält eine Null, so bleibt offen, ob der Wert a nicht vorkommt oder ob die beiden Prozesse noch nicht mit ihrer Berechnung fertig sind. Durch Hinzunahme zweier gemeinsamer Variablen fertig1 und fertig2 läßt sich dieses Problem leicht lösen, vgl. das nachfolgende Programm.

Oft sind die Prozesse bis auf einige Konstanten identisch. In diesem Fall definiert man einen Prozeß unter Verwendung von Parametern und gibt dann nur noch den Namen mit den aktuellen Parametern an. Zum Beispiel kann man eine Zahl $k \leq n$ wählen und das Feld von jedem Prozeß mit der Schrittweite k durchsuchen; dabei startet der i-te Prozeß an der Position i ($i = 1, 2, \ldots, k$). Solche Prozeßschemata (hier „Suche(m ...)") definieren wir vor cobegin.

Das Prozeßschema lautet in unserem Beispiel:

```
Suche(m: integer):: begin i: integer;
                        i := m;
                        while not ende and i ≤ n and a ≠ W[i]
                            do i := i+k od;
                        if a=W[i] then ende := true; pos := i fi
                    end
```

Dieser Algorithmus ist aber nicht korrekt. Im Falle, daß stets a≠W[i] ist, hat i am Ende im allgemeinen einen Wert, der größer als n ist. Die Abfrage a=W[i] führt dann zu einem Fehler, da i außerhalb des Indexbereichs von 1 bis n liegt. Dieser Fall tritt sogar schon bei der letzten Abfrage a≠W[i] in der Bedingung der while-Schleife auf. Die Korrektur ist in folgendem Programm, das aus k nebenläufigen Prozessen besteht, berücksichtigt.

Algorithmus 12:   Parallele Suche

```
k_fach_Suche ≡                              % der Datentyp wert sei anderweitig definiert
    shared memory: k, n, j: integer;              % Es muß 1≤k≤n gelten.
                   W: array [1..n] of wert;       % Sonst: abbrechen.
                   fertig: array [1..k] of boolean;
                   a: wert; ende: boolean; pos: integer;
                   for j:=1 to k do fertig[j] := false od;
                   ende := false; pos:=0; read (a); write (pos);
    Suche(m: integer):: begin i: integer;
                        i := m;
                        while not ende and i ≤ n do
                            if a ≠ W[i] then i := i+k
                            else ende := true fi od;
                        if i ≤ n then
                            if a=W[i] then pos := i fi
                        fi
                        end
    cobegin
        Suche(1) || Suche(2) || ... || Suche(k)
    coend
```

Die einzelnen Prozesse enthalten nun wohl keinen Fehler mehr, aber welche Fehler können durch ihr Zusammenwirken entstehen? Ganz offensichtlich können undefinierte Situationen entstehen, wenn an eine gemeinsame Variable von zwei verschiedenen Prozessen gleichzeitig ein Wert zugewiesen wird oder wenn ein Prozeß eine Variable liest, während diese im selben Moment von einem anderen Prozeß verändert wird. Man spricht von Schreib-Schreib- oder Schreib-Lese-Konflikten. In unserem Beispiel spielen diese Konflikte keine Rolle, wenn beim gleichzeitigen Schreiben der Variablen „ende" oder „pos" einer der zugewiesenen Werte (und nicht etwa ein ganz anderer) im gemeinsamen Speicher eingetragen wird. Denn der Variablen „ende" wird hier nur der Wert true zugewiesen, und die Variable pos muß am Ende nur irgendeine Position i mit a=W[i] enthalten.

Technische Geräte (Computerspeicher) sequentialisieren in der Regel die Zugriffe, d.h.: wenn mehrere Zugriffe auf die gleiche Variable zur gleichen Zeit erfolgen, so werden diese Zugriffe in irgendeine Reihenfolge gebracht und dann nacheinander abgearbeitet. Wir nehmen daher an, daß gleichzeitig erfolgende Zugriffe auf gemeinsame Variable in irgendeiner Reihenfolge nacheinander ausgeführt werden. Dadurch entstehen keine Konflikte mehr, allerdings ist das Gesamtprogramm nun im allgemeinen nicht mehr determiniert, d.h., bei einer erneuten Ausführung des Programms mit den gleichen Anfangsdaten können andere Ergebnisse geliefert werden. Diejenigen, die das Programm erstellen, sind dafür verantwortlich, solche gleichzeitigen Zugriffe zu verhindern, z.B. durch Einführung weiterer Variablen, mit denen man den Zugriff auf gewisse Variablen verhindern oder freigeben kann.

Ein Standardbeispiel für Prozesse ist das Erzeuger-Verbraucher-Problem (Abb. 3.7).

Links in Abb. 3.7 befindet sich der Erzeuger-Prozeß. Er kann sich in den Situationen

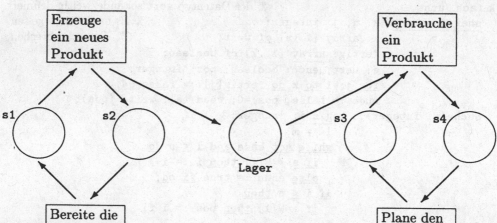

Abbildung 3.7: Erzeuger-Verbraucher-System

s1 oder s2 befinden. War der Erzeuger in der Situation s1, dann erzeugt er anschlies-
send ein neues Produkt, übergibt dieses dem Lager und geht selbst zur Situation
s2 über, von der aus er durch Vorbereitungsaktivitäten erneut nach s1 wechseln
kann. Analog entnimmt der Verbraucher ein Produkt aus dem Lager, verbraucht
dieses und geht in die Situation s4 (= „hat verbraucht") über, von wo aus er durch
Planungsaktivitäten wieder zur Situation s3 (= „kann verbrauchen") gelangt. Die
beiden Prozesse sollen nicht enden.

Zu beachten ist noch, daß ein Produkt erst verbraucht werden kann, nachdem es
erzeugt worden ist. In s3 erfolgt daher eine Warteschleife: <u>while</u> Lager ist leer <u>do</u>
nichts tun <u>od</u> . (Die Anweisung für „nichts tun" lautet <u>skip</u>.) Faßt man „Lager"
als eine gemeinsame Variable der beiden Prozesse auf, so erhält man folgendes nebenläufige Programm:

Algorithmus 13:   Erzeuger-Verbraucher mit gemeinsamen Variablen
```
Erzeuger_Verbraucher_1 ≡              % Datentyp produkt sei anderweitig definiert
   shared memory: Lager: set of produkt;
   Erzeuger::    begin var p: produkt;
                 while true do
                    Erzeuge ein Produkt p; Lager := Lager ∪ {p};
                    bereite die Erzeugung des nächsten Produkts vor
                 od;
                 end;
   Verbraucher:: begin var q: produkt;
                 while true do
```

```
                    while Lager = ∅ do skip od;
                    q := irgendein Element aus Lager;
                    Lager := Lager \ {q}; verbrauche das Produkt q;
                    plane den Verbrauch des nächsten Produkts
                od;
            end;
    cobegin
            Erzeuger || Verbraucher
    coend
```

3.4.2   Nachrichtenaustausch (message passing)

Wie in einem arbeitsteiligen System fassen wir nun die einzelnen Prozesse als unabhängige Einheiten auf, die sich gegenseitig informieren, indem sie einander gezielt Nachrichten schicken. Dies erfolgt über gesonderte Verbindungen, die *Kanäle* genannt werden. Für den Austausch von Nachrichten zwischen Prozessen ist es manchmal notwendig, daß sich die Prozesse hierbei gleichzeitig in vorgegebenen Situationen befinden müssen; sie stimmen sich also wie in einem Gespräch ab; man sagt, sie *synchronisieren* sich. Oft ist dies aber nicht notwendig; dann genügt es, Nachrichten in Behältern, z.B. in Briefkästen, abzulegen, die bei Gelegenheit vom anderen Prozeß eingesehen werden (*asynchrone Verarbeitung*).

Als Beispiel betrachten wir erneut das Erzeuger-Verbraucher-Problem. In der Regel ist das Lager kein offener Platz, wo beliebig entladen und entnommen werden kann. Vielmehr müssen die Produkte dort abgegeben und ausgeliefert werden. Wir modellieren daher auch das Lager als einen Prozeß und erzwingen durch geeignete Sprachelemente, daß bei der Einlagerung der Erzeuger und das Lager und daß bei der Entnahme der Verbraucher und das Lager gleichzeitig anwesend sind, daß sich die Prozesse also synchronisieren. Man geht hier wie bei einem Telefongespräch vor, bei dem den Gesprächspartnern A und B ein gemeinsamer Kanal K zugewiesen wird, über den sie kommunizieren (Abb. 3.8).

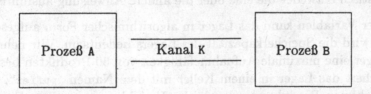

Abbildung 3.8: Kanal K zwischen zwei Prozessen A und B

Dieser Vorgang läßt sich folgendermaßen wie eine Zuweisung beschreiben. Es sei K ein Kanal, und es soll der Wert des ganzzahligen Ausdrucks a vom Prozeß A in die integer-Variable x des Prozesses B gebracht werden. K vereinbaren wir als Kanal für ganze Zahlen (**channel of** integer). Als Sprachelemente für diese speziellen Zuweisungen wählen wir:

$K \Leftarrow a$ (oder $a \Rightarrow K$)

Bedeutung: Der Ausdruck a wird ausgewertet und der erhaltene Wert wird in den Kanal K gelegt. Der Typ des Kanals und der Typ des Ausdrucks müssen gleich sein.

$K \Rightarrow x$ (oder $x \Leftarrow K$)

Bedeutung: Der Inhalt des Kanals K wird der Variablen x zugewiesen. Hierbei müssen der Typ der Variablen und der des Kanals übereinstimmen.

Sowohl für $\Leftarrow$ als auch für $\Rightarrow$ fordern wir zunächst synchrone Verarbeitung, d.h., die Eingabe in den Kanal darf nur erfolgen, wenn der Wert zugleich vom Empfänger entnommen wird. *Synchronisation* bewirkt also, daß sich die beiden Prozesse kurzfristig koppeln müssen.

Beim Erzeuger-Verbraucher-Problem muß nun das Lager als eigener Prozeß definiert werden:

```
Lager:: while true do
            (nimm ein Produkt vom Erzeuger entgegen;
            lagere dieses;)
        oder
            (falls mindestens ein Produkt vorhanden ist, dann:
                nimm ein gelagertes Produkt;
                liefere dieses dem Verbraucher aus)
        od;
```

Offenbar benötigen wir ein weiteres Sprachelement, das „oder" für Anweisungen. Wir schreiben hierfür OR. Seine Bedeutung: Der Algorithmus kann an dieser Stelle nichtdeterministisch entweder die eine oder die andere Anweisung ausführen.

Mit Hilfe lokaler Variablen kann das Lager in algorithmischer Form aufgeschrieben werden. Dabei wird die Speicherkapazität des Lagers bedeutsam. Wir nehmen hier an, daß das Lager eine maximale Aufnahmefähigkeit von 50 Produkten besitzt. Die Produkte speichert das Lager in einem Keller mit dem Namen „puffer". Die Anzahl der gespeicherten Produkte werden in der Variablen anz notiert. Dann lautet der gesamte Algorithmus zur Beschreibung des Erzeuger-Verbraucher-Problems mit Hilfe des Nachrichtenaustausches:

Algorithmus 14:   Erzeuger-Verbraucher mit Nachrichtenaustausch

```
Erzeuger_Verbraucher_2 ≡              % Datentyp produkt sei anderweitig definiert
    shared memory: EL, LV: channel of produkt;
                            % EL ist der Kanal zwischen Erzeuger und Lager,
                            % LV ist der Kanal zwischen Lager und Verbraucher
```

```
Erzeuger::   begin var z: produkt;
                while true do "erzeuge z"; EL ⇐ z od
             end;
Lager::      begin var p: produkt;
                puffer: list of produkt; anz: integer;
                puffer := nil; anz := 0;
                while true do
                   (if anz < 50 then
                      anz := anz+1; EL ⇒ p; push(puffer,p)
                   fi)
                OR
                   (if anz > 0 then
                      LV ⇐ top(puffer); anz:=anz-1; pop(puffer)
                   fi)
                od;
             end;
Verbraucher:: begin var x: produkt;
                 while true do LV ⇒ x; "verbrauche x" od
              end;
cobegin
        Erzeuger || Lager || Verbraucher
coend
```

Wir setzen hier Synchronisation voraus. Der Erzeuger darf also die Anweisung
EL ⇐ z nur ausführen, wenn gleichzeitig das Lager die Anweisung EL ⇒ p durch-
führt.

Es gibt Varianten dieses Konzepts, die in der Praxis genutzt werden: Kanäle werden auch in zwei Richtungen verwendet; sie können wie eine Wasserleitung eine
Aufnahmekapazität besitzen; Kanäle können sich aus Einzelteilen (wie ein Pfad in
einem Netz) zusammensetzen; in der Praxis muß eine OR-Entscheidung auch wieder
rückgängig gemacht werden können, usw.

3.4.3 Faire Abläufe

Oft müssen nebenläufige Prozesse von einem einzigen Prozessor nacheinander abgearbeitet werden. Sind mehrere Prozesse aktiv, dann kann der Prozessor sich jeweils
einen auswählen, diesen eine gewisse Zeit bearbeiten, dann erneut einen auswählen
usw. Das Betriebssystem eines Computers arbeitet nach diesem Prinzip; die Auswahl nimmt der sogenannte *Scheduler* (dies ist ein Teil des Betriebssystems) vor, vgl.
Abschnitt 6.2. Man fordert hierbei, daß jeder arbeitswillige Prozeß auch irgendwann
ausgewählt wird. Diese Forderung nennt man *Fairneß*.

Wir betrachten folgende Beispiele, in denen der erste Prozeß die gemeinsame Variable z ständig um 1 erhöht, während der zweite Prozeß z auf 0 setzen kann:

Algorithmus 15:

```
Erhöhen_oder_anhalten ≡
    shared memory: z: integer; z:=1;
    P1::        begin while z > 0 do z:=z+1 od end;
    P2::        begin z:=0 end;
    cobegin
          P1 || P2
    coend
```

Algorithmus 16:

```
Abwechselnd_an_aus ≡
    shared memory: z: integer; z:=1;
    P1::        begin while z > 0 do z:=z+1 od end;
    P2::        begin if z mod 2 = 0 then z:=0 fi end;
    cobegin
          P1 || P2
    coend
```

In Algorithmus 15 könnte ein Scheduler stets nur den ersten Prozeß P1 auswählen und P2 ständig ignorieren. Die Auswahlreihenfolge P1, P1, P1, ... wäre unfair.

In Algorithmus 16 könnte ein Scheduler nach der Initialisierung (z:=1) den zweiten Prozeß P2 ausführen wollen, der aber nichts tun kann, da z zu diesem Zeitpunkt ungerade ist. Danach wird zweimal der erste Prozeß P1 ausgeführt, so daß z nun den Wert 3 besitzt. Nun wird wieder der zweite Prozeß ausgewählt, der wiederum nichts tun kann, danach wieder zweimal der erste Prozeß usw. Die resultierende Bearbeitungsreihenfolge wäre also P1, P1, P1, ... Sie würde den zweiten Prozeß benachteiligen. Denn obwohl die Bedingung „z mod 2 = 0" immer wieder erfüllt ist, kommt der zweite Prozeß nie zum Zuge. Auch dies wäre unfair.

Man definiert: Eine unendliche Bearbeitungsreihenfolge heißt

- *schwach fair* genau dann, wenn ein Prozeß, der ständig aktiviert ist (also etwas tun könnte), in der Bearbeitungsreihenfolge auch irgendwann ausgewählt wird,

- *stark fair* genau dann, wenn ein Prozeß, der unendlich oft aktiviert ist, in der Bearbeitungsreihenfolge auch unendlich oft vorkommt.

Die Bearbeitungsreihenfolge P1, P1, P1, ... zu Algorithmus 15 ist weder schwach noch stark fair. Dagegen ist die Reihenfolge P1, P1, P1, ... in Algorithmus 16 schwach fair (weil P2 jedes zweite Mal nicht aktiviert ist, da dann z ungerade ist), aber nicht stark fair (weil P2 unendlich oft, nämlich immer wenn z gerade ist, arbeiten könnte, aber dennoch nie ausgeführt wird).

In der Praxis müssen Prozesse stark fair abgearbeitet werden. Ein geeigneter Scheduler arbeitet wie folgt: Er legt alle abzuarbeitenden Prozesse in eine Liste. Er durchläuft diese Liste von vorne nach hinten. Trifft er auf einen Prozeß, der bearbeitet werden kann, so führt er diesen eine gewisse Zahl von Schritten durch. Danach hängt er diesen Prozeß ans Ende der Liste und beginnt erneut, die Liste von vorne nach einem arbeitswilligen Prozeß zu durchsuchen usw.

3.5 Struktur und Aufbau von Rechnern

3.5.1 Ein einfacher Computer

Wenn man Prozesse und Algorithmen formal gefaßt und geeignete Programmiersprachen definiert hat, dann liegen drei Fortsetzungsmöglichkeiten nahe:

- Realisierung der Algorithmen mit Computern,

- Methoden zum Entwurf und Einsatz von Algorithmen, Programmen, Systemen,

- Untersuchung von Eigenschaften (vor allem: Semantik und Komplexität).

Der dritte Punkt wird in Kapitel 4 behandelt, der zweite Punkt unter dem Aspekt der Objektorientierung folgt in Kapitel 5.

In diesem Grundlagenkapitel 3 wollen wir skizzieren, wie Computer aufgebaut sind, die Algorithmen verarbeiten können. Die Grundidee besteht darin, eine wesentlich einfachere Sprache zur Beschreibung der Algorithmen zu verwenden. Dahinter steht ein Maschinenmodell, das man als *Random Access Machine* (d.h. Rechner mit wahlfreiem Zugriff auf den Speicher) bezeichnet. Die Struktur ist in Abb. 3.9 angegeben. Grundbausteine sind:

- Speicherzellen: Dies sind Speicherbausteine, die je nach Ausführung der Maschine ein Zeichen oder eine gewisse Anzahl von Zeichen oder eine Zahl aufnehmen können. Der Speicher eines Computers besteht heutzutage aus vielen Millionen solcher Speicherzellen, die genau ein Zeichen („Byte") als Inhalt besitzen können. Die Speicherzellen, die in der zentralen Verarbeitungseinheit (*central processing unit, CPU*) benutzt werden, werden als *Register* bezeichnet. Der einfache Computer in Abb. 3.9 besitzt die vier (Allzweck-) Register R0 bis R3, die vier speziellen Register A, F, BZ und BR sowie 16 Speicherzellen.

- Arithmetisch-logische Einheiten (*arithmetic-logical unit, ALU*): Hier werden die Addition, die Subtraktion und verallgemeinerte logische Operationen (and, or, not auf einer Folge von Nullen und Einsen) durchgeführt. Die ALU besitzt eigene Register für Zwischenergebnisse, die wir jedoch nicht verwenden werden.

- Verbindungen zwischen den Einheiten.

- Spezielle Register für die Ablaufsteuerung (A, F, BZ, BR).

- Programmspeicherzellen, in denen die Befehle eines Programms nacheinander abgelegt sind.

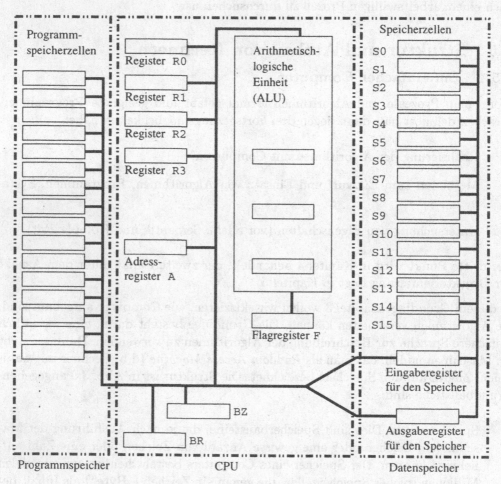

Abbildung 3.9: Einfaches Modell eines Computers

Nun sind die elementaren Anweisungen, die auf dem Computer zulässig sind, zu definieren. Solche elementaren Anweisungen nennt man *Befehle*. Die Menge aller Befehle ist der *Befehlssatz* des Computers.

Durch den unten angegebenen Befehlssatz erhalten wir einen speziellen Computer, den wir „numerical random access machine", abgek. NUMRAM, nennen wollen. Dieser ist wie in Abb. 3.9 aufgebaut. Er besitzt neben den vier speziellen Registern A, F, BZ und BR genau r (Allzweck-) Register R0, R1, ... , R$(r-1)$ und n Speicherzellen S0, S1, ... , S$(n-1)$ für zwei fest vorgegebene natürliche Zahlen r und n. In jeder Speicherzelle darf eine ganze Zahl stehen, d.h., jede Speicherzelle ist potentiell unendlich groß. (In der Praxis darf in jeder Speicherzelle nur eine Zahl bis zu einem bestimmten Absolutbetrag stehen, heute meist 2^{31}.) Zum Computer gehört noch ein Programmspeicher mit unbegrenzt vielen Speicherzellen, die ab 0 durchnumeriert sind; in jeder Programmspeicherzelle kann genau ein Befehl stehen. Das Programm besteht aus einer Folge von m Befehlen, die fortlaufend in den Programmspeicherzellen P0, P1, ..., P$(m-1)$ stehen. Wird soeben der Befehl β aus der Programmspeicherzelle i bearbeitet, dann stehen die Zahl i im Befehlszähler BZ und der Befehl β im Befehlsregister BR. Das Register F wird für Abfragen benötigt: Wenn eine Abfrage (z.B.: ist der Inhalt des Registers R3 größer als der des Registers R1?) zutrifft, wird der Inhalt von F auf 1, sonst auf 0 gesetzt. Das Adreßregister A dient dem Zugriff auf die Speicherzellen; z.B. bewirkt der Befehl X:=<A>, daß der Inhalt der Speicherzelle Sj nach X gebracht, wobei j die Zahl ist, die im Register A steht.

Wir definieren nun den Befehlssatz unseres Computers NUMRAM. Im folgenden seien X, Y und Z beliebige Register, k eine beliebige ganze Zahl und p eine beliebige natürliche Zahl. *vop* sei ein Vergleichsoperator, also $vop \in \{=, <, >, \neq, \leq, \geq\}$. „BZ++1, BR next" steht als Abkürzung für: Erhöhe den Inhalt des Befehlszählers BZ um 1 und hole den Befehl mit der Nummer, die nun in BZ steht, ins Befehlsregister BR.

Befehl	Bedeutung / Wirkung
X := k	Bringe die Zahl k ins Register X, BZ++1, BR next.
X := Y + k	Addiere die Konstante k zum Inhalt des Registers Y und bringe das Ergebnis nach X, BZ++1, BR next.
X := Y	Kopiere den Inhalt des Registers Y in das Register X, BZ++1, BR next.
X := <A>	Sei j die Zahl, die im Adreßregister A steht. Dann wird der Inhalt der Speicherzelle Sj nach X gebracht (falls $j < 0$ oder $j > n-1$ ist, so erfolgt ein Fehlerabbruch des Programms), BZ++1, BR next.
<A> := X	Sei j die Zahl, die in A steht. Dann wird der Inhalt von X in die Speicherzelle Sj gebracht (falls $j < 0$ oder $j > n-1$ ist, so erfolgt ein Fehlerabbruch des Programms), BZ++1, BR next.
X := Y+Z	Addiere die Inhalte der Register Y und Z und bringe das Ergebnis nach X, BZ++1, BR next.
X := Y-Z	Ziehe den Inhalt des Registers Z von dem des Registers Y ab und bringe das Ergebnis nach X, BZ++1, BR next.
X *vop* Y	Falls der Vergleich X *vop* Y zutrifft, wird F auf 1, sonst auf 0 gesetzt; BZ++1, BR next.
jump p	Falls der Inhalt von F gleich Eins ist, dann bringe p nach BZ und den Inhalt von Pp nach BR (falls $p < 0$ oder $p > m-1$ ist, so erfolgt ein Fehlerabbruch des Programms). Ist der Inhalt von F dagegen Null, dann BZ++1, BR next.
STOP	Der Computer hält an und beendet die Berechnung.

Ablauf: Von außen einzugebende j Werte stehen anfangs in den Speicherzellen S0 bis S$(j-1)$. Die Ergebnisse der Rechnung stehen am Ende in den ersten l Speicherzellen.

Das Programm startet stets mit dem Befehl mit der Nummer 0, d.h. dem Befehl, der in P0 steht. Jedes Programm realisiert eine (partielle) Abbildung von $\mathbb{Z}^j$ nach $\mathbb{Z}^l$.

Hinweis: Unser Befehlssatz ist ein Drei-Adreß-Code, da in jedem Befehl bis zu drei Operanden (z.B. X, Y und Z in X := Y+Z) auftreten dürfen.

3.5.2   Maschinenprogramme

Ein *Maschinenprogramm* ist eine Folge von m Befehlen, die fortlaufend von 0 an durchnumeriert sind und bei denen für jeden Befehl „jump p" gilt: $0 \leq p \leq m - 1$. Die Arbeitsweise und die schrittweise Programmabarbeitung (stets beginnend mit dem Befehl mit der Nummer 0) erkennt man unmittelbar an einem Beispiel. Es folgt ein Algorithmus, formuliert mit obigem Befehlssatz des Computers NUMRAM:

Algorithmus 17:   Es sei $r = 3$ und $n = 1$. m ergibt sich zu 12.

Nummer	Befehl	Erläuterungen
0:	A := 0	Im Adreßregister A steht nun die Zahl 0.
1:	R0 := 0	Im Register R0 steht nun die Zahl 0.
2:	R1 := <A>	Der Inhalt von S0 wird nach R1 kopiert
3:	R2 := R1	und nach R2 kopiert.
4:	R2 ≤ A	Falls der Inhalt von R2 kleiner oder gleich 0 ist, dann wird F auf 1, sonst auf 0 gesetzt.
5:	jump 10	Falls der Inhalt von R2 kleiner oder gleich 0 war, dann fahre fort mit Befehl 10, sonst mit dem nächsten Befehl 6.
6:	R0 := R0 + R1	Addiere R1 zu R0.
7:	R2 := R2 + (-1)	Erniedrige den Inhalt von R2 um 1.
8:	F := 1	Setze F auf den Wert 1.
9:	jump 4	Fahre fort mit Befehl 4, sofern in F eine 1 steht (dies ist der Fall).
10:	<A> := R0	Speichere den Inhalt von R0 nach S0.
11:	STOP	Ende des Programmablaufs.

Was berechnet dieses Programm? Die Befehle 0 und 1 bringen die Zahl 0 nach A und nach R0. Wenn anfangs in der Speicherzelle S0 die Zahl $a \in \mathbb{Z}$ steht, dann steht nach Ausführen der Befehle 2 und 3 dieser Wert ebenfalls in den Registern R1 und R2. Solange der Wert von R2 noch größer als 0 (= Inhalt von A) ist, werden die Befehle 6, 7, 8 und 9 ausgeführt; anderenfalls bricht das Programm ab, nachdem es mit Befehl 10 den Inhalt von R0 nach S0 gebracht hat. Der Befehl 6 erhöht R0 um a, der Befehl 7 erniedrigt R2 um 1; die Befehle 8 und 9 sorgen dafür, daß mit Befehl 4 fortgefahren wird. Insgesamt wird a-mal der Wert a zum Register R0 addiert. Da dieses anfangs 0 war, steht am Ende a^2 in R0 und damit auch in S0. Dies gilt nur für $a > 0$; für $a \leq 0$ wird sofort zu Befehl 10 gegangen und eine 0 nach S0 gebracht. Folglich berechnet dieses Programm die Funktion $f : \mathbb{Z} \to \mathbb{Z}$ mit

$$f(a) = \begin{cases} a^2, & \text{falls } a > 0 \\ 0, & \text{falls } a \leq 0 \end{cases}$$

Wir betrachten nun folgende Situation: In S0 steht eine natürliche Zahl n, und in den Speicherzellen S1 bis Sn stehen irgendwelche ganzen Zahlen. Die Anzahl der Register r sei 7. Wir geben das Programm ohne Kommentare an.

Algorithmus 18:

```
 0:  A := 0           11:  jump 21          22:  R1 := <A>
 1:  R6 := <A>        12:  A := R5          23:  A := R2
 2:  R4 := R6 + (-1)  13:  R1 := <A>        24:  <A> := R1
 3:  R3 := 1          14:  R1 = R0          25:  A ;= R3
 4:  R3 > R4          15:  jump 18          26:  <A> := R0
 5:  jump 30          16:  R0 := R1         27:  R3 := R3 + 1
 6:  A := R3          17:  R2 := R5         28:  F := 1
 7:  R0 := <A>        18:  R5 := R5 + 1     29:  jump 4
 8:  R2 := R3         19:  F := 1           30:  STOP
 9:  R5 := R3 + 1     20:  jump 10
10:  R5 > R6          21:  A := R3
```

Um zu erkennen, was dieses Programm tut, genügt es, die Speicherzellen und die Register mit Variablennamen zu belegen und dann das Programm in der Notation von Abschnitt 3.1.2 aufzuschreiben. S0 wird zu n; ersetze R0 durch minimum, R2 durch position, R3 durch j und R5 durch i; die Register R4 und R6 werden im Programm nicht verändert, so daß man sie durch n-1 und n ersetzen kann. R1 ist ein Hilfsregister für die Inhalte von Speicherzellen. Die Speicherzellen Sk ersetzen wir durch a[k]. Die ersten drei Befehle können wir nun weglassen, da sie nichts anderes als „n=n" und „n-1=n-1" aussagen. Dann erhalten wir folgende Anweisungsfolge, wobei aufeinanderfolgende Befehle eventuell zu einer Anweisung zusammengefaßt und die Nummern der Befehle zur besseren Orientierung noch beibehalten wurden:

```
 3:  j := 1;
 4:  if j > n-1 then "weiter mit Befehl 30" fi;
 6:  minimum := a[j];
 8:  position := j;
 9:  i := j+1;
10:  if i > n then "weiter mit Befehl 21" fi;
12:  if a[i] = minimum then "weiter mit Befehl 18" fi;
16:  minimum := a[i];
17:  position := i;
18:  i := i+1;
19:  "weiter mit Befehl 10";
```

```
21:   a[position] := a[j];
25:   a[j] := minimum;
27:   j := j+1;
28:   "weiter mit Befehl 4";
30:   "Ende des Programms"
```

Man erkennt: Die Befehle 12 bis 17 lassen sich auch als

```
12:   if a[i] < minimum then minimum:=a[i]; position:=i fi;
```

schreiben, und die Befehle 9 bis 19 bilden offensichtlich eine Zählschleife:

```
 9:   for i:=j+1 to n do ... od;
```

Weitere Zusammenfassungen liefern dann genau den Algorithmus 4, d.h., obiger Algorithmus 18 sortiert die Zahlen, die in den Speicherzellen S1 bis Sn stehen.

Was zeigt dieses Beispiel? Durch Überführung in einfachere Befehle kann man den Algorithmus 4 in ein Maschinenprogramm von NUMRAM überführen. Dies läßt sich mit allen Programmen, die mit Zahlen arbeiten, erreichen! Diese Übersetzung kann für je zwei vorgegebene Sprachen automatisch erfolgen. Entsprechende Übersetzungsprogramme nennt man *Übersetzer* oder *Compiler*. Daher können Menschen ihre Algorithmen in höheren Programmiersprachen formulieren; die Übersetzung in eine ausführbare Maschinensprache erledigt dann ein Compiler, siehe Abschnitt 6.1.

In der Praxis sind Maschinenprogramme fast unlesbar, da ihre Befehle als Folgen von Nullen und Einsen codiert sind. Man benutzt daher Programmiersprachen, die denen unserer Maschinensprache ähneln, die es aber zugleich erlauben, eindimensionale Felder zu vereinbaren, Namen statt Nummern zur Bezeichnung von Befehlen zu verwenden, Befehlsfolgen durch Namen abzukürzen (sogenannte *Makros*) und Unterprogramme leicht zu verwalten. Solche Sprachen bezeichnet man als *Assemblersprachen* und den Übersetzer einer solchen Sprache in die eigentliche Maschinensprache als *Assembler* (aus dem Englischen: to assemble = montieren). Da weiterhin ein Mikrocomputer meist einen viel größeren Befehlssatz als NUMRAM hat (mit in der Regel zwischen 80 und 500 Befehlstypen), sind die in der Praxis eingesetzten Programme nur nach langer Übung beherrschbar und sinnvoll nutzbar.

Die Korrektheit eines Maschinen- oder Assemblerprogramms ist nur äußerst schwer nachzuweisen. Ersetzt man z.B. im Algorithmus 18 im Befehl 17 die Zahl 5 durch 3 (d.h., der Befehl lautet dann: 17: R2 := R3), so arbeitet der Algorithmus immer noch, aber er berechnet etwas ganz anderes. Solche Fehler treten bei der Verwendung maschinennaher Sprachen dauernd auf, und sie sind nur mühsam aufzuspüren. Daher soll man stets in höheren Programmiersprachen programmieren, auch dann, wenn diese Programme durch den Compiler in Maschinenprogramme übersetzt werden, die nicht sonderlich effizient arbeiten.

3.5.3 Rechnerstrukturen

NUMRAM verfügt noch nicht über eine Ein- und Ausgabe und über Peripherie-geräte wie Drucker, Scanner, Tastatur, Bildschirm, Plattenspeicher und Sensoren, sowie nicht über Vernetzungsmöglichkeiten mit anderen Rechnern. Auch kann er unabhängige Befehle nicht gleichzeitig zueinander oder aufeinanderfolgende Befeh-le zeitlich überlappend abarbeiten. Solche Strukturen sind heute Standard bei ei-nem Mikrocomputer oder einem Mikroprozessorsystem. Ziel solcher Strukturen ist es meist, zum einen die Arbeitsgeschwindigkeit und zum anderen die Zuverlässigkeit beträchtlich zu erhöhen; eine wichtige Rolle spielen natürlich auch der Preis und die Anpaßbarkeit an den späteren Einsatzbereich.

Die Grundstruktur, nach der die meisten Rechner bisher gebaut wurden, ist unter dem Namen *von-Neumann-Rechner* bekannt, auch wenn der ungarisch-amerikani-sche Mathematiker John von Neumann (1903-1957) nicht der alleinige Erfinder dieser Struktur war. Der Rechner besteht hiernach aus einem Steuerwerk, einem Rechen-werk (dies entspricht der ALU), einem Speicher, den Eingabe- und den Ausgabe-Einheiten. Die Prinzipien lauten:

- Der Rechner ist universell, d.h., er ist nicht auf spezielle Problembereiche zuge-schnitten, sondern er kann durch Programme zur Lösung beliebiger Probleme herangezogen werden.

- Es gibt nur einen Speichertyp, in dem sowohl Daten und alle Zwischenergeb-nisse als auch die Programme abgelegt werden. Einer Speicherzelle sieht man nicht an, ob sie einen Befehl oder Daten enthält; erst bei der Verarbeitung wird dies klar. Hierzu müssen alle verwendeten Größen binär (also durch Folgen von Nullen und Einsen) codiert werden.

- Der Speicher ist eine Folge aus fortlaufend numerierten Speicherzellen, die jeweils aus einer festen Anzahl von Binärstellen bestehen. Nur über die Num-mer der Speicherzelle (ihre sog. „Adresse") kann auf ihren Inhalt zugegriffen werden.

  Anmerkung: Die Anzahl der Binärstellen („Bit") ist heute meist acht (8 Bit = 1 Byte), so daß eines von $2^8 = 256$ verschiedenen Zeichen in einer Speicherzelle abgelegt werden kann. Für numerische Probleme erhöht man diese Anzahl aber auf 32, 64 oder mehr, um mit hoher Zahlengenauigkeit rechnen zu können. Diese Anzahl an Stellen heißt auch *Wortlänge* der Rechners.

- Die Befehle stehen fortlaufend nacheinander im Speicher und werden in dieser Reihenfolge abgearbeitet; nur durch Sprungbefehle (jump) kann diese Reihen-folge abgeändert werden.

- Es gibt mindestens arithmetische, logische und Sprung-Befehle, Befehle für die Ein- und Ausgabe und Transportbefehle zwischen dem Speicher und den anderen Einheiten, sowie Befehle zum Warten und zum Unterbrechen. Treten in einem Befehl Adressen auf, so sind mehrere Adressierungsarten möglich, z.B. die unmittelbare Angabe der Adresse, der indirekte Zugriff über Adreßregister usw.

In der Technischen Informatik wird gezeigt, wie dieses Konzept physikalisch realisiert werden kann. In der Praktischen Informatik lernt man, daß dieses Konzept ausreicht, um alle Algorithmen ausführen zu können. In Abschnitt 3.5.2 ist dies bereits am Beispiel des Algorithmus 4 erläutert worden. In Zukunft werden parallele und optische Rechnerarchitekturen dominieren, die sich teilweise noch in Entwicklung befinden.

Eine wichtige Funktion besitzen die Verbindungsnetzwerke, zum einen innerhalb eines Computersystems, zum anderen zwischen verschiedenen Rechnern. Eine Daten- oder Kontrollverbindung innerhalb eines Computersystems nennt man einen *Bus*. Jede Einheit (Steuerwerk, Tastatur, Speicher, Drucker usw.) ist an diesen Bus angeschlossen und kann auf den Bus Daten und die Adressen, zu denen diese Daten gesendet werden sollen, schicken. Hier muß ein bestimmtes Anmelde-, Übertragungs- und Abwahlverfahren, ein sog. *Protokoll*, eingehalten werden, um zu verhindern, daß gleichzeitig verschiedene Prozesse ihre Daten auf den Bus geben und hierdurch Datensalat entsteht. Man beachte hierbei, daß die Prozesse Daten innerhalb einer Nanosekunde (Nano $= 10^{-9}$) abschicken können und daß die elektromagnetischen Wellen in einer Nanosekunde nur $300.000 \cdot 10^{-9}$km $= 30$cm zurücklegen. Wenn ein Bus z.B. 3 Meter lang ist, dann muß jeder Prozeß beim Anmelden mindestens 10 Nanosekunden warten, um sicher zu sein, daß sich nicht andere Prozesse gleichzeitig angemeldet haben. In einem Mikrocomputer gibt es mindestens zwei Busse, einen für die Kontrollsignale und einen für die Daten; letzterer besitzt zugleich eine Schnittstelle nach außen, über die eine Kopplung zu anderen Prozessoren möglich ist. In der Praxis gibt es je nach Anwendungsgebiet verschiedene Bussysteme.

Die Struktur heutiger Rechner wird vor allem von den Einsatzgebieten, von der Handhabbarkeit und von der Wartbarkeit geprägt. Weiterhin wird sie stark von der *Orthogonalität* bestimmt: Voneinander unabhängige Konzepte beeinflussen einander nicht und dürfen ohne Einschränkungen miteinander kombiniert werden; beim Entwurf lassen sie sich unabhängig voneinander festlegen und realisieren. Objektorientiertheit basiert ebenfalls auf diesem Konzept (vgl. Kapitel 5). Ein zweiter Aspekt ist das alle Wissenschaften durchziehende *Einfachheitsprinzip*: Wähle unter den möglichen Theorien oder Lösungen stets die, die mit den wenigsten Annahmen und mit dem geringsten Materialverbrauch verbunden sind und die sich mit möglichst wenig Aufwand beschreiben lassen oder auf möglichst wenige gleichartige Teilstrukturen (auch wenn diese in riesiger Stückzahl auftreten) zurückführen lassen. Auf Details kann hier leider nicht eingegangen werden.

3.5.4   Speicherstrukturen

Der Speicher hat in der Informatik vor allem drei Aufgaben: Er soll so organisiert sein, daß er die Daten strukturgerecht aufnimmt, er soll einen schnellen Zugriff auf die Daten ermöglichen (denn die Verbindung zum Speicher hat sich bei der von-Neumann-Architektur als Engpaß herausgestellt), und über ihn sollen verschiedene Prozesse oder Prozessoren miteinander gekoppelt werden (siehe Konzept der gemeinsamen Variablen in Abschnitt 3.4.1).

1. Strukturierte Speicher: Der Speicher der NUMRAM ist ein einzelnes eindimensionales Feld. Schon wenn mehrere eindimensionale Felder (z.B. Vektoren) zu bearbeiten sind, muß das Programm genau wissen, wo die Felder beginnen und enden. Mehrdimensionale Felder müssen auf eine Dimension abgebildet werden, für Listen muß Speicherplatz verwaltet werden usw. Es wäre eine große Erleichterung, wenn Teile des Speichers kellerartig, andere Teile als Warteschlangen, andere zur Bearbeitung von Mengen usw. organisiert wären. Heutige Mikrocomputer besitzen neben dem eindimensional angeordneten Speicher noch eine Kellerverwaltung. Hiermit werden Unterbrechungen und Unterprogramme leicht und effizient bearbeitet. Andere Datenstrukturen werden softwaremäßig simuliert, was in der Praxis zu deutlichen Geschwindigkeitseinbußen führt.

2. Speicherhierarchie: Der Speicher ist derzeit in drei Ebenen unterteilt: *Cache*, *Arbeitsspeicher* und *Hintergrundspeicher*. Das Steuerwerk des Prozessors (die CPU) greift prinzipiell auf einen sehr schnellen kleinen Speicher, den Cache, mit weniger als einer Million Speicherzellen zu, aus dem mit einer Geschwindigkeit, die in der Größenordnung der Arbeitsgeschwindigkeit des Prozessors liegt (also im Nanosekundenbereich) gelesen oder in den mit dieser Geschwindigkeit geschrieben werden kann. Dahinter liegt der Arbeitsspeicher (früher Kernspeicher genannt) mit derzeit 4 bis 128 Millionen Speicherzellen, in dem die wichtigsten vom Programm benötigten Daten stehen und auf den etwa hundertmal langsamer zugegriffen werden kann. Für Datenmassen von hundert von Millionen und mehr Daten gibt es den Hintergrundspeicher (Plattenspeicher, optische Speicher), der etwa 10 Millisekunden benötigt, um auf Anfragen zu reagieren. Cache und Arbeitsspeicher sind elektronische Speicher, ihr Inhalt geht beim Ausschalten des Computers verloren, und sie sind relativ teuer; Hintergrundspeicher sind dagegen preiswert, sie behalten ihren Inhalt und können daher wie ein Aktenordner auch zur Archivierung verwendet werden.

Die Speicherverwaltung als Teil des Betriebssystems eines Computers (vgl. Abschnitt 6.2) sorgt dafür, daß die benötigten Daten möglichst frühzeitig vom Hintergrund- in den Arbeitsspeicher und vom Arbeitsspeicher in den Cache und daß die Ergebnisse auf dem umgekehrten Wege transportiert werden. Durch Verbindungsstrukturen und spezielle Prozessoren wird dieser Vorgang beschleunigt. Der Datenaustausch erfolgt natürlich nicht mit einzelnen Daten, sondern es werden stets große Blöcke von Daten (jeweils der Inhalt von 2000 oder mehr Speicherzellen) zugleich bewegt.

3. Gekoppelte Speicher: Auf einen Speicher greifen meist viele Prozessoren zu. Man versieht daher einen Speicher mit mehreren Zugangsmöglichkeiten (sog. Ports, man spricht dann von einem *Multiportspeicher*), von denen in der Regel immer nur einer aktiv ist, wodurch Schreibkonflikte hardwaremäßig vermieden werden können. Ein Speicher bzw. ein Speicherbereich läßt sich aber auch softwaremäßig gegen Zugriffe durch Dritte sperren.

3.6   Hardware-Software-Schichten

Einige Schichten haben wir bereits kennen gelernt: Die Schicht der Computerbausteine wie die arithmetisch-logische Einheit oder den Speicher, darauf aufbauend die Schicht der Steuerung mit Hilfe von Assemblerbefehlen und darüber die Schicht der höheren Programmiersprachen, deren einfachste Vertreter ungefähr so wie in den Abschnitten 3.1 und 3.2 beschrieben aufgebaut sind. Hierüber kann man die Schicht der Prozesse ansiedeln. Jede Schicht wird durch die Elemente, die die darunter liegende Schicht bereitstellt, realisiert. In der Informatik gibt es nun viele Schichten, die man als Denk-, Wissens- oder als Realisierungsebenen auffassen kann. In Abb. 3.10 ist eine Schichtenstruktur für den Großteil der Informatik gezeichnet. Mit dem Wissen über Vorgänge auf atomarer Ebene (Festkörperphysik, insbesondere für Kristallstrukturen) lassen sich elektrische Phänomene in reinen und verunreinigten Stoffen erklären, was zum Aufbau von Transistoren und deren Verbindungen führt. Durch Rückkopplungen werden hieraus Speicherbausteine, Register und weitere Bauelemente von Computern zusammengebaut. Durch Kontrollstrukturen und Steuerleitungen lassen sich Prozessoren und diverse Einheiten für die Ein- und Ausgabe, für die Nachrichtenübertragung oder zum Speichern konstruieren. Diese werden untereinander verbunden und mit gewissen Funktionen ausgestattet, so daß ein kleiner Computer mit einem einfachen Betriebssystem und einer Assemblersprache entsteht. Bis hierher reicht die Hardware, d.h. die Teile des Rechnersystems, die physikalisch vorliegen, also 'hart' sind und nicht unmittelbar verändert werden können.

Darüber liegen die Software-Schichten. Zur Software zählen (neben Dokumentationen, Anleitungen, Wartungshinweisen, Lösungsideen usw.) alle die Steuerinformationen („Programme") und Daten, die in einem Speicher abgelegt und dort relativ leicht ausgetauscht oder gelöscht werden können und die der Rechner interpretieren und ausführen kann. Über dem Kernsystem werden nun schichtenweise immer komplexere Werkzeuge und Systeme aufgebaut. Zunächst sind dies die Übersetzer (Compiler, vgl. Abschnitt 6.1), die meist in einer Assemblersprache geschrieben sind und es erlauben, in höheren Programmiersprachen zu programmieren. Sodann sind es Werkzeuge wie Editoren, Dateisysteme und Programmbibliotheken. Mit ihnen werden Datenbanken, Kommunikationsprogramme und einfache Dienste für Benutzer(innen) erstellt, darüber gibt es Informations- und Kommunikationssysteme; am Ende stehen hochkomplexe, weltumspannende Anwendungssysteme, von denen das Internet mit seinen Diensten (vor allem dem WWW = World Wide Web) heute am bekanntesten ist, vgl. auch Abschnitt 6.4.

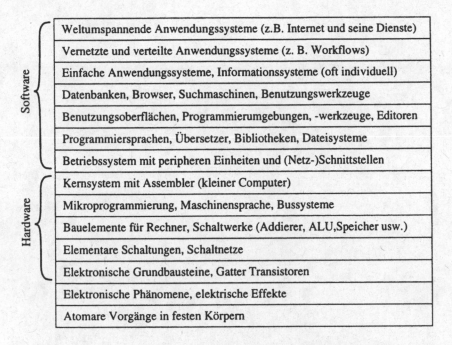

Abbildung 3.10: Aufeinander aufbauende Schichten in der Informatik

Wer Probleme mit Rechnern lösen will, entscheidet sich zunächst für eine Schicht, in der das Problem angesiedelt werden kann. Dann wird nach Werkzeugen und Bauteilen in dieser und der direkt darunter liegenden Schicht gesucht, um Lösungen zu realisieren. Wird eine Lösung in einer Schicht implementiert, so sorgen alle darunter liegenden Schichten dafür, daß sie vom Rechnersystem auch ausgeführt werden kann. Allgemein gilt hier eine der vielen Gegenläufigkeiten (*Tradeoffs*) der Informatik: Je tiefer die Schicht liegt, in der eine Lösung formuliert wird, um so länger dauert die Implementierung, um so fehleranfälliger ist sie, aber um so höher ist die Ausführungsgeschwindigkeit. In der Praxis werden daher Lösungen gerne von einer Schicht in eine andere verlagert; dieses Vorgehen nennt man *Migration*.

Ein anderes sehr bekanntes Schichtenmodell ist das OSI-Referenzmodell für Kommunikationssysteme, siehe Abschnitt 6.4.1.

Kapitel 4

Datenstrukturen und Effiziente Algorithmen

4.1 Die Programmbibliothek LEDA und einfache Datenstrukturen

Alle Bereiche der Informatik enthalten algorithmische Probleme, z.B. die Mustererkennung, das automatische Lesen handgeschriebener Texte, die Verteilung beschränkter Ressourcen auf verschiedene Anforderungen wie Stundenplanprobleme, Optimierungsprobleme wie die Erstellung profitoptimaler Flugpläne, die Entwicklung erfolgreicher Schachprogramme, Verwaltung von Datenbanken oder beim Datenschutz die Implementierung kryptographischer Systeme. Naive Lösungen führen zu so großen Rechenzeiten, daß wir das Ende der Rechnung nicht erleben, während effiziente Algorithmen teilweise sehr schnell Lösungen erzeugen.

Wie können wir für ein gegebenes Problem einen effizienten Algorithmus entwerfen? Wir benötigen grundlegende Kenntnisse aus dem Gebiet, aus dem das Problem stammt. Kommunikation mit entsprechenden Expertinnen und Experten ist also eine wesentliche Aufgabe. Darüber hinaus ist der Entwurf effizienter Algorithmen ein Handwerk, wobei Meisterleistungen nur mit viel Erfahrung, dem richtigen Gefühl für das Problem und einer Portion Intuition, manchmal auch Glück, erbracht werden. Ziel einer Informatikausbildung muß es sein, das für Meisterleistungen nötige Handwerkszeug bereitzustellen und dieses praktisch zu erproben.

Zum Handwerkszeug gehört die Kenntnis von *Datenstrukturen* (vgl. Abschnitt 3.2), dies sind spezielle Speichermethoden für Daten, um eine vorgegebene Liste von Operationen zu unterstützen. Die Forderung nach *effizienten Lösungen* erfordert auch die Analyse der eingesetzten Methoden. Da sich die Rechenzeit meistens nicht für alle Eingaben genau angeben läßt, begnügen wir uns mit Abschätzungen der größten Rechenzeit für alle Eingaben gleicher Länge, der sogenannten *worst case Rechenzeit*, siehe Abschnitt 2.4. Im folgenden werden Einblicke in die Bereiche Datenstrukturen und Effiziente Algorithmen gegeben.

Zentrale Datenstrukturen sind seit langem bekannt. Es ist daher unsinnig, wenn diese Datenstrukturen immer wieder neu implementiert werden. Mehlhorn und Näher (1996) haben die Programmbibliothek LEDA (Library of Efficient Data Types and Algorithms) aufgebaut, die die meisten hier behandelten Datenstrukturen enthält. Die Implementierungen sind effizient und gut dokumentiert. Die Bibliothek wird ständig weiterentwickelt, die aktuelle Version ist über `ftp.mpi-sb.mpg.de` abrufbar. Die Leserin und der Leser können also ohne Schwierigkeiten mit den hier beschriebenen Datenstrukturen experimentieren.

Wir beginnen mit den einfachsten Datenstrukturen, nämlich Arrays und Listen, und vergleichen sie bzgl. verschiedener Operationen. Anschließend diskutieren wir Datenstrukturen für die Verwaltung von Mengen. Wir wiederholen hierbei auch Inhalte aus früheren Kapiteln.

Ein *Array* A für n Daten ist ein fortlaufender Speicherbereich mit n Plätzen, die rechnerintern an den Positionen $N+1, \ldots, N+n$ stehen. Es ist möglich, das i-te Element über $A[i]$ direkt anzusprechen. Die Auswertung der *Speicherabbildungsfunktion* $i \rightarrow N+i$ wird automatisch vorgenommen, so daß uns N nicht bekannt sein muß. Häufig werden auch mehrdimensionale Arrays unterstützt. Für ein zweidimensionales Array oder eine Matrix der Größe $n_1 \times n_2$ wird ein Array der Länge $n_1 \cdot n_2$ benötigt, und $(i,j) \rightarrow N+(i-1)n_1+j$ ist die für die zeilenweise Abspeicherung geeignete Speicherabbildungsfunktion. Arrays benötigen genau den notwendigen Speicherplatz, und es ist ein direkter Zugriff auf die Daten über eine Position möglich. Da die umgebenden Speicherplätze nicht frei sind, ist eine Vergrößerung des Arrays nur über einen völligen Neuaufbau möglich. Daher werden Arrays als *statische Datenstruktur* bezeichnet. Wenn wir Daten nicht anhand ihrer Position suchen, sondern anhand ihres „Wertes", so können wir im allgemeinen nichts Besseres tun, als das Array linear, also von vorne nach hinten, zu durchsuchen (*Lineare Suche*). Die Suchzeit beträgt dann (im worst case) $O(n)$. Wenn die Daten im Array jedoch sortiert sind, können wir eine *Binäre Suche* starten. Wir vergleichen das gesuchte Datum mit dem im Array an mittlerer Position stehenden Datum. Entweder wir haben das gesuchte Datum an dieser Position gefunden, oder wir wissen, ob wir in der vorderen oder hinteren Hälfte weitersuchen müssen. Da der Suchbereich in jedem Schritt halbiert wird, kommen wir mit $\lceil \log(n+1) \rceil = O(\log n)$ Vergleichen aus. Falls $n = 2^{20}-1$ ist, also ungefähr eine Million, fällt die Suchzeit gegenüber Linearer Suche von $n = 2^{20}-1$ auf 20. Allgemein führen exponentielle Einsparungen, z. B. von 2^n auf n oder von n auf $\log n$, zu extremen Rechenzeitgewinnen.

Eine Datenstruktur heißt *dynamisch*, wenn sie Änderungen, insbesondere das Einfügen weiterer Daten und das Löschen von Daten unterstützt. Die einfachste dynamische Datenstruktur ist die *Lineare Liste* oder kurz Liste, vgl. Abschnitt 3.2.2. Jedes Datum wird im Speicher an beliebiger Stelle abgespeichert zusammen mit dem Verweis, wo das in der Liste folgende Datum abgespeichert ist. Beim Listenende lautet der Verweis `nil` (nirgendwo), da es kein Folgeelement gibt. Zur Listenerweiterung kommen also beliebige Speicherplätze in Frage. Um ein Datum y innerhalb einer Liste zwischen x und z zu plazieren, genügt es, den *Zeiger* von x (wie der Verweis üblicherweise genannt wird) auf den Speicherplatz von y zu setzen und den Zeiger von y auf den Platz von z. Wenn wir in Listen in beide Richtungen laufen wollen, erhalten die Daten Zeiger auf Vorgänger- und Nachfolgerdatum. Dies sind dann *doppelt verkettete Listen*. Manchmal ist es hilfreich, für eine Liste nicht nur einen Zeiger auf das Anfangs-, sondern auch einen Zeiger auf das Endelement zu haben. Mehr Zeiger bedeuten einerseits mehr Komfort, andererseits benötigen sie Platz und Aufwand bei Änderungen. Wir haben es mit einem typischen *Tradeoff* zu tun, d.h. wir können zwei Ziele, hier effiziente Operationen und geringer Platzverbrauch, nicht gleichzeitig erreichen. Eine Verbesserung in Richtung auf eine Effizienzsteigerung bei den Operationen ist mit größerem Platzverbrauch verbunden und umgekehrt. Je nach Anwendung muß entschieden werden, ob sich der Mehraufwand für zusätzliche Zeiger lohnt.

Exemplarisch vergleichen wir Arrays und Listen mit n Daten bzgl. wichtiger Operationen.

1.) Initialisierung. Beim Array muß die Größe n bekannt sein, Zeit $O(n)$. Die Initialisierung einer leeren Liste kostet Zeit $O(1)$, eine Längenbeschränkung gibt es nicht. (Erinnerung: $O(1)$ Zeit bedeutet „konstante Zeit".)

2.) Speicherplatzbedarf. In beiden Fällen $O(n)$, aber Extraplatz für die Zeiger in den Listen.

3.) Suche nach dem Datum an Position p. Array $O(1)$, Liste $O(p)$.

4.) Suche nach dem Datum x. Array $O(n)$, geordnetes Array $O(\log n)$, Liste $O(n)$.

5.) Einfügen eines Datums hinter Objekt x nach erfolgreicher Suche nach x. Diese Operation wird im Array nicht unterstützt. In Listen genügt Zeit $O(1)$.

6.) Einfügen eines Datums vor Objekt x nach erfolgreicher Suche nach x. Dies wird im Array ebenfalls nicht unterstützt. In Listen benötigen wir den Zeiger auf x, diese Suche kostet in Listen Zeit $O(n)$, in doppelt verketteten Listen Zeit $O(1)$.

7.) Löschen des Datums x nach erfolgreicher Suche. Analog zur letzten Operation.

8.) Ersetzen von x durch y nach erfolgreicher Suche. In beiden Datenstrukturen Zeit $O(1)$, allerdings kann die Eigenschaft, daß die Datenstruktur geordnet ist, verloren gehen.

9.) Bestimme Nachfolgerdatum. In beiden Datenstrukturen Zeit $O(1)$.

10.) Bestimme Vorgängerdatum. Array und doppelt verkettete Liste $O(1)$, Liste $O(n)$.

11.) Suche nach Anfangsdatum. In beiden Datenstrukturen $O(1)$.

12.) Suche nach dem letzten Datum. Array $O(1)$, Liste $O(n)$. Falls es einen Extrazeiger auf das Listenende gibt, nur $O(1)$.

13.) Bestimme die Anzahl der Daten. Bei Arrays fest vereinbart, bei Listen $O(n)$. Sollte dieser Wert oft benötigt werden, kann er am Listenanfang dynamisch mitverwaltet werden, dann reicht Zeit $O(1)$.

Arrays und Listen geben uns verschiedene Möglichkeiten, um Datenstrukturen für Mengen M zu bilden, wobei folgende Operationen zu unterstützen sind: SEARCH(i) (ist $i \in M$?), INSERT(i) nach erfolgloser Suche ($M := M \cup \{i\}$), DELETE(i) nach erfolgreicher Suche ($M := M - \{i\}$) und mengentheoretische Operationen wie Vereinigung, Durchschnitt, Differenz und symmetrische Differenz.

Wenn wir nur Mengen M behandeln, die in einer gegebenen Grundmenge $G = \{1, \ldots, n\}$ enthalten sind, ist die *Bit-Vektor-Darstellung* geeignet, wenn die abzuspeichernden Mengen M typischerweise nicht sehr klein im Vergleich zu G sind. Wir verwenden ein Array der Länge n, wobei $A[i] = 1$, falls $i \in M$, und $A[i] = 0$ sonst ist. Die Antwort auf SEARCH(i) lautet $A[i]$, bei Einfügungen bzw. Löschungen wird $A[i]$ auf 1 bzw. 0 gesetzt. Die mengentheoretischen Operationen lassen sich bitweise durch logische Operationen nachbilden, die Vereinigung mit dem logischen or, der Durchschnitt mit and, die symmetrische Differenz mit exor und die Differenz mit $A_1[i]$ and (not $A_2[i]$). Diese Operationen benötigen Zeit $O(n)$. Allerdings enthält jeder Arrayplatz nur ein Bit. An einem Arrayplatz ist jedoch Platz für ein Wort aus bis zu w Bits, wobei w vom Rechner abhängt, vgl. Abschnitt 3.5.3. Wir fassen je w Bits zu einem Wort (dies entspricht einer Speicherzelle) zusammen. Die dann benötigten Operationen, bitweise logische Operationen auf Wörtern und das Lesen und Setzen eines Bits in einem Wort, werden in vielen Fällen unterstützt. Der Speicherplatzbedarf sinkt ebenso auf $\lceil n/w \rceil$ wie die Rechenzeit für die Operationen auf Mengen.

Wenn wir Listen für Mengen einsetzen, unterscheiden wir, ob wir mit ungeordneten oder geordneten Listen arbeiten. Bei ungeordneten Listen muß z. B. beim Durchschnitt für jedes Datum in der ersten Liste geprüft werden, ob es in der zweiten Liste vorhanden ist. Bei Listenlängen von l_1 und l_2 kommt es zu Rechenzeiten von $l_1 \cdot l_2$. Bei geordneten Listen kann dagegen ein *Reißverschlußverfahren* angewendet werden. Wir betrachten in beiden Listen die kleinsten Daten x_1 und y_1. Falls $x_1 = y_1$, gehört dieses Datum in den Durchschnitt. Falls $x_1 < y_1$ (ähnlich, falls $x_1 > y_1$), ist x_1 nicht in der zweiten Menge enthalten, und wir können in der ersten Liste zum Nachfolgedatum gehen. Die Rechenzeit sinkt auf $O(l_1 + l_2)$, bei großen Mengen ein erheblicher Gewinn. Diese lineare Rechenzeit können wir bei ungeordneten Listen nur für die Vereinigung erreichen, indem wir die Listen einfach aneinanderhängen. Dann werden Daten jedoch eventuell doppelt abgespeichert, eine Verschwendung von Speicherplatz. Dieses Vorgehen ist nur sinnvoll, wenn aus der Anwendungsumgebung bekannt ist, daß nur disjunkte Mengen vereinigt werden. Derartige Anwendungen lernen wir in Abschnitt 4.4 bei UNION-FIND Datenstrukturen kennen. Wir fassen die Ergebnisse für die Rechenzeiten der Operationen zusammen, wobei n die Größe der Grundmenge, w die Wortlänge des Rechners und m, m_1 und m_2 die Größen der Mengen M, M_1 und M_2 bezeichnen.

	Bit-Vektor	Ungeord. Liste	Geordnete Liste
Platz	$O(n)$ bzw. $O(n/w)$	$O(m)$	$O(m)$
SEARCH	$O(1)$	$O(m)$	$O(m)$
INSERT	$O(1)$	$O(1)$	$O(1)$
DELETE	$O(1)$	$O(1)$	$O(1)$
Vereinigung	$O(n)$ bzw. $O(n/w)$	$O(m_1 \cdot m_2)$	$O(m_1 + m_2)$
Durchschnitt	$O(n)$ bzw. $O(n/w)$	$O(m_1 \cdot m_2)$	$O(m_1 + m_2)$
Differenz	$O(n)$ bzw. $O(n/w)$	$O(m_1 \cdot m_2)$	$O(m_1 + m_2)$
symm. Diff.	$O(n)$ bzw. $O(n/w)$	$O(m_1 \cdot m_2)$	$O(m_1 + m_2)$

Tabelle 4.1: Rechenzeiten für Operationen auf Mengen

Die Wahl einer geeigneten Datenstruktur erweist sich als nicht ganz einfaches Problem. Es gibt nicht *die* beste Datenstruktur für Mengen. Je nach Anwendungsumfeld muß eine geeignete Datenstruktur ausgewählt werden. Dies ist nur möglich, wenn das Verhalten der Datenstruktur bzgl. der verschiedenen Operationen bekannt ist.

4.2 Bäume und Graphen

Die Behauptung, daß es wohl kein Teilgebiet der Informatik gibt, in dem Bäume keine wesentliche Rolle spielen, ist zwar sehr weitreichend, aber kaum übertrieben. Syntaxbäume, Suchbäume (siehe Abschnitt 4.3), arithmetische Ausdrücke und Branch-and-Bound Bäume (siehe Abschnitt 4.6) seien als Beispiele genannt.

Wir definieren Bäume als gewurzelte Bäume, deren Kanten von der Wurzel weg zeigen; als Beispiel siehe Abb. 4.3. Ein derartiger *Baum T* besteht aus seiner Knotenmenge V, wobei man stets $V = \{1, \ldots, n\}$ wählen kann, und der Menge E seiner Kanten. Eine Kante ist ein Paar (i, j) mit $i \neq j$ und beschreibt einen Zeiger von Knoten i auf Knoten j. Es gibt genau eine Wurzel r, für die es keine Kante $(\cdot, r)$ gibt. Für alle anderen Knoten v gibt es genau einen Knoten w mit $(w, v) \in E$. Bäume mit n Knoten haben also stets $n - 1$ Kanten. Falls $(w, v) \in E$ ist, heißt w *Elter* von v und v *Kind* von w. Verschiedene Kinder von w sind *Geschwister*. Ein *Weg* oder *Pfad* von v_0 zu v_m der Länge m ist eine Kantenfolge $(v_0, v_1), (v_1, v_2), \ldots, (v_{m-1}, v_m) \in E$. Falls es einen Weg von v zu w gibt, heißt w *Nachfolger* von v und v *Vorgänger* von w. Mit $in(v)$, dem *Ingrad* von v, bezeichnen wir die Anzahl der Knoten $w \in V$ mit $(w, v) \in E$. In Bäumen hat die Wurzel Ingrad 0, alle anderen Knoten haben Ingrad 1. Mit $out(v)$, dem *Outgrad* von v, bezeichnen wir die Anzahl der Kinder von v. Knoten ohne Kinder heißen *Blätter*. Von besonderer Bedeutung sind k-äre Bäume (für $k = 2$ binäre Bäume), bei denen alle Knoten Blätter sind oder Outgrad k haben.

Bäume werden als Arrays oder Listen ihrer Knoten verwaltet, zusätzlich gibt es einen Verweis auf die Wurzel. Für jeden Knoten ist eine Liste der Kinder angelegt, bei k-ären Bäumen bietet sich auch ein Array der Länge k an. Wenn es (siehe Abschnitt 4.4) wichtig ist, den Elterknoten zu berechnen, muß dieser abgespeichert werden. Die Abspeicherung von Elter und Kindern kostet natürlich Speicherplatz.

Graphen sind Verallgemeinerungen von Bäumen, die ebenfalls auf Knotenmengen $V = \{1, \ldots, n\}$ definiert sind. Bei *gerichteten Graphen* ist die Kantenmenge E eine Teilmenge von $V \times V$, eine Kante (i, j) führt von i zu j. Wenn stets die Kanten (i, j) und (j, i) entweder beide zu E oder beide nicht zu E gehören, sprechen wir von *ungerichteten Graphen* mit Kanten $\{i, j\}$, die zwischen i und j verlaufen. Graphen werden durch ihre *Adjazenzmatrix* oder *Adjazenzlisten* abgespeichert. In der Adjazenzmatrix, einem zweidimensionalen Array der Größe $n \times n$, ist $A(i, j) = 1$, falls $(i, j) \in E$, und $A(i, j) = 0$ sonst. Bei ungerichteten Graphen können wir auf die halbe Adjazenzmatrix verzichten und benötigen nur die Dreiecksmatrix aller $A(i, j)$ mit $i < j$. Bei Abspeicherung durch Adjazenzlisten verwenden wir ein Array A für die Knotenmenge, wobei $A(i)$ der Anfangszeiger einer Liste aller j mit $(i, j) \in E$ ist. Es ist oft günstig, wenn diese Listen sortiert sind.

Für Graphen mit relativ wenigen Kanten (die Kantenzahl sei m) benötigen Adjazenzlisten nur Platz $O(n + m)$ im Gegensatz zu Platz $O(n^2)$ für die Adjazenzmatrix. Adjazenzmatrizen unterstützen den Test, ob eine Kante existiert, und das Einfügen und Löschen von Kanten auf sehr effiziente Weise. Allerdings erfordern viele Graphalgorithmen nicht den Zugriff auf eine bestimmte Kante, sondern für Knoten v die Berechnung aller direkten Nachfolgeknoten, also den Durchlauf der Adjazenzliste. Dies benötigt Zeit $O(out(v))$ bei gegebenen Adjazenzlisten, aber Zeit $O(n)$, wenn nur die Adjazenzmatrix vorliegt. Viele grundlegende Graphalgorithmen haben bei Verwendung von Adjazenzlisten eine Laufzeit von $O(n + m)$, während es sich bei Verwendung von Adjazenzmatrizen nicht vermeiden läßt, alle n^2 Arrayplätze zu betrachten.

Zum effizienten Durchsuchen (Traversieren) von Graphen benötigen wir eine kleine Kantenauswahl, mit deren Hilfe alle Knoten erreicht werden. Eine *Zusammenhangskomponente* eines ungerichteten Graphen besteht aus einer nicht vergrößerbaren Knotenmenge Z, so daß in Z jeder Knoten mit jedem anderen durch einen Weg verbunden ist. Wenn wir für eine Zusammenhangskomponente einen Baum berechnen, der nur Kanten des Graphen enthält und die Knoten von Z verbindet, nennen wir dies einen *aufspannenden Baum*. Eine Menge von Bäumen, die alle Zusammenhangskomponenten aufspannt, heißt *aufspannender Wald*.

Es gibt zwei zentrale Algorithmen, um aufspannende Wälder und damit die Zusammenhangskomponenten zu berechnen. Beide benötigen bei Verwendung von Adjazenzlisten nur Zeit $O(n + m)$ und liefern zusätzliche Informationen. Beim *Tiefendurchlauf* (Depth First Search DFS) starten wir beim ersten Knoten des Knotenarrays und geben ihm die DFS-Nummer 1. Die weiteren DFS-Nummern werden in der Reihenfolge vergeben, in der die Knoten zum ersten Mal erreicht werden. Wir durchlaufen mit $DFS(v)$ die Adjazenzliste von v. Wenn wir einen Knoten w zum ersten Mal erreichen, geben wir ihm seine DFS-Nummer und rufen $DFS(w)$ auf, bevor wir in $DFS(v)$ fortfahren. Somit suchen wir zuerst entlang eines Weges, also in die Tiefe des Graphen, bis wir von einem Knoten keinen neuen Knoten erreichen. In Abb. 4.1 erreichen wir zuerst die Knoten 1, 4, 5. Von Knoten 5 aus finden wir keine neuen Knoten. Daher gehen wir auf dem Suchpfad zurück (genannt *Backtracking*), suchen von Knoten 4 aus weiter und finden Knoten 7, usw. Am Ende von $DFS(v)$ ist die Zusammenhangskomponente von v aus durchsucht worden, und wir starten eine neue Suche von dem ersten Knoten v' im Knotenarray, der noch nicht gefunden wurde. Die Kanten, mit denen Knoten zum ersten Mal gefunden werden, bilden einen aufspannenden Wald, sie heißen T-Kanten (T = tree), alle anderen Kanten B-Kanten (B = back), da sie im aufspannenden Wald auf bereits gefundene Knoten zurückzeigen. Die DFS-Nummern und die Einteilung in T- und B-Kanten bilden eine oft nützliche Hilfsdatenstruktur für ungerichtete Graphen.

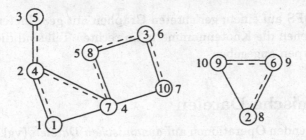

Abbildung 4.1: DFS auf einem ungerichteten Graphen mit geordneten Adjazenzlisten; in den Knoten stehen die Knotennummern, daneben die DFS-Nummern, die T-Kanten sind gestrichelt angegeben

Beim *Breitendurchlauf* (Breadth First Search BFS) wird zunächst in die Breite gesucht. Es werden die Adjazenzlisten vollständig durchlaufen, bevor weitere Adjazenzlisten in der Reihenfolge des Findens der Knoten bearbeitet werden. Die gefundenen Knoten werden beim BFS in einer Schlange (queue) verwaltet, beim DFS dagegen in einem Keller (stack). Die Knoten einer Zusammenhangskomponente werden in der Reihenfolge ihres Abstands vom Ausgangsknoten numeriert.

Bei gerichteten Graphen liefert ein DFS-Durchlauf eine Einteilung der Kanten in T-Kanten, B-Kanten, F-Kanten (F = forward) und C-Kanten (C = cross). Die T-Kanten bilden wieder einen Wald. Die anderen Kanten werden folgendermaßen eingeteilt. Eine Kante wird B-Kante, wenn sie in einem T-Baum auf einen Vorgänger zeigt, und F-Kante, wenn sie in einem T-Baum auf einen Nachfolger zeigt. Alle anderen Kanten werden C-Kanten, sie verlaufen entweder von einem T-Baum zu einem früher gebildeten T-Baum oder innerhalb eines T-Baums von einem Teilbaum zu einem früher gebildeten Teilbaum. Auch diese Kanteneinteilung läßt sich in Zeit

$O(n + m)$ berechnen.

Es ist leicht zu sehen, daß ein Graph (ungerichtet oder gerichtet) genau dann einen geschlossenen Weg, also einen Kreis enthält, wenn er mindestens eine B-Kante besitzt. DFS und BFS bilden die Basis für eine Vielzahl von Graphalgorithmen.

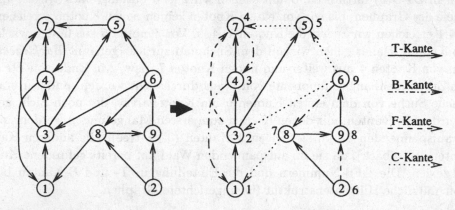

Abbildung 4.2: DFS auf einem gerichteten Graphen mit geordneten Adjazenzlisten; in den Knoten stehen die Knotennummern, im rechten Teil sind die DFS-Nummern und die Kantentypen angegeben

4.3　Dynamische Dateien

Die drei grundlegenden Operationen auf *dynamischen Dateien* (vgl. Abschnitt 3.2.2) sind die Suche nach einem Objekt (SEARCH), das Einfügen nicht vorhandener Objekte (INSERT) und das Löschen (DELETE) vorhandener Objekte. Geordnete Arrays unterstützen als statische Datenstruktur zwar SEARCH, aber weder INSERT noch DELETE, während Listen keine effiziente Suche zulassen. Wir sind also an Datenstrukturen interessiert, die die Vorteile von Arrays und Listen in sich vereinigen und ihre Nachteile weitestgehend vermeiden. Dazu behandeln wir drei grundlegende Ansätze: Hashing, balancierte Suchbäume und Skiplisten.

Daten in Dateien bestehen aus einem Schlüsselwort, unter dem zu bearbeitende Informationen abgespeichert sind. Da Schlüsselwörter rechnerintern stets binär codiert werden, können wir annehmen, daß die Daten aus einer geordneten Menge stammen und die Menge U aller denkbaren Daten bekannt ist. Üblicherweise ist U riesig groß. Beispiel: Im Adressenfeld von Überweisungsformularen sind 27 Positionen vorgesehen. Bei 38 erlaubten Zeichen (26 Buchstaben, 10 Ziffern, Leerzeichen, Bindestrich) enthält die Menge U 38^{27}, also mehr als 10^{42} Elemente. Im folgenden sei $U = \{0, \ldots, m - 1\}$.

Beim *Hashing* wird ein Array der Länge n benutzt, wobei n sehr viel kleiner als m ist. Sei $N = \{0, \ldots, n - 1\}$. Eine Hashfunktion $h : U \to N$ soll für $x \in U$ vorsehen, daß es an Position $h(x)$ abgespeichert wird. Daher sollte h die Elemente aus U möglichst gleichmäßig auf die n Speicherplätze verteilen und effizient zu berechnen sein. Dies erfüllt die Funktion $h(x) = x \bmod n$, die den Rest bei der Division von x durch n berechnet, vgl. Abschnitt 2.4. Da U sehr groß ist, enthält $h^{-1}(i)$ durchschnittlich m/n, also sehr viele Elemente. Wenn wir die Strategie verfolgen, x an Position $h(x)$ abzuspeichern, kommt es bei Abspeicherung von Daten $y \neq x$ mit $h(x) = h(y)$ zu einer Kollision. Da wir im voraus nicht wissen, welche Daten abgespeichert werden sollen, sind Kollisionen unvermeidlich, und es wird eine Strategie zur Behandlung von Kollisionen benötigt.

Beim *geschlossenen Hashing* kann ein Arrayplatz nur ein Datum x aufnehmen. Soll y abgespeichert werden und gibt es eine Kollision mit x, muß y auf einem anderen Arrayplatz als $h(y)$ abgelegt werden. Bei der einfachsten Strategie zur Kollisionsbehandlung suchen wir im Array von Position $h(y)$ aus die erste freie Position und legen dort y ab. Es gibt viele ausgefeiltere Strategien. Alle haben einen gemeinsamen Nachteil. Wenn wir nach einem z suchen, müssen wir von $h(z)$ aus die Arrayplätze in der durch die Strategie zur Kollisionsbehandlung gegebenen Reihenfolge absuchen. Allerdings können wir die Suche nicht abbrechen, wenn wir auf einen freien Platz stoßen. Dort hat bei der Einfügung von z vielleicht ein anderes, inzwischen gelöschtes Datum die Position blockiert. Abbrechen können wir die Suche nur, wenn wir eine freie und noch nie belegte Position finden, was durch ein Bit angezeigt werden kann. Bei vielen Einfügungen und Löschungen ist dies jedoch sehr bald für nur sehr wenige Positionen der Fall. Nur wenn Löschungen nicht vorkommen oder extrem selten sind, kann geschlossenes Hashing recht effizient sein, sofern höchstens 80% der n Speicherplätze belegt werden.

Eine einfache Alternative ist *offenes Hashing*, bei dem am Arrayplatz i auf eine Liste verwiesen wird, die alle Daten x mit $h(x) = i$ enthält. Die Zeiger kosten Speicherplatz. Bei k Einträgen beträgt die durchschnittliche Listenlänge k/n, so daß wir oft ein gutes Rechenzeitverhalten erreichen. Dies hängt jedoch von der Struktur der zu speichernden Daten ab. Allen einfachen Hashingstrategien ist gemein, daß sie im worst case zu linearen Suchzeiten führen.

Bei Suchbäumen machen wir uns die Ordnung auf den Daten zunutze. In *binären Suchbäumen* enthält jeder Knoten ein Datum x und zwei ausgehende Zeiger, von denen der erste (in Abbildungen der linke) auf einen Teilbaum verweist, der nur Daten enthält, die kleiner als x sind, und der zweite bzw. rechte Zeiger auf einen Teilbaum mit Daten, die größer als x sind.

Die Suchstrategie in binären Suchbäumen ist offensichtlich. Beginnend an der Wurzel wird das gesuchte Datum mit dem abgespeicherten Datum verglichen und entweder das Datum gefunden oder der passende Teilbaum aufgesucht. Erfolglose Suchen enden an einem nil-Zeiger. Dort kann dann das entsprechende Datum eingefügt werden. Soll ein Datum x nach erfolgreicher Suche gelöscht werden, ist dies einfach, wenn das Datum in einem Blatt abgespeichert ist. Ansonsten suchen wir das kleinste Datum y im Suchbaum, das größer als x ist. Dazu wählen wir von x aus einmal den

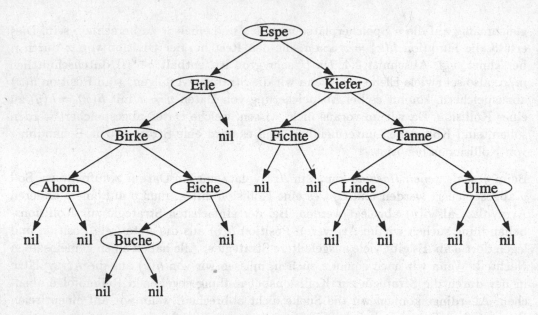

Abbildung 4.3: Binärer Suchbaum

rechten Zeiger und dann stets den linken Zeiger, bis wir auf einen nil-Zeiger stoßen. Wenn wir x und y vertauschen, ist die Suchordnung nur bzgl. x und y zerstört. Wenn wir x löschen, ist die Suchordnung wieder hergestellt. Diesen Prozeß iterieren wir, bis sich x in einem Blatt befindet. Die Rechenzeit ist jeweils proportional zur Länge des Suchweges. Wie groß ist die *Tiefe*, d.h. die Länge des längsten Weges, in einem binären Suchbaum? Sie ist am kleinsten in völlig ausbalancierten Suchbäumen (das sind Suchbäume, bei denen für jeden Knoten v die Teilbäume, die links und rechts unter v hängen, gleich viele Knoten besitzen), wo sie $\lceil \log_2(n+1) \rceil - 1$ beträgt. Sie kann aber auch $n - 1$ betragen. Dies geschieht, wenn wir eine geordnete Liste von Daten in einen leeren Suchbaum einfügen. Es kann zwar gezeigt werden, daß bei zufälliger Ordnung der einzufügenden Daten die Tiefe durchschnittlich etwa $1{,}386 \log_2 n$ beträgt, aber wir kennen die Struktur der Daten nicht, und es ist zu befürchten, daß es immer wieder sortierte Datenblöcke gibt. Der Lösungsansatz mit einfachen binären Suchbäumen ist also unbefriedigend.

Wir wollen nun erzwingen, daß die Tiefe bei n Daten $O(\log n)$ beträgt. In *AVL-Bäumen* (benannt nach ihren Erfindern Adelson-Velskii und Landis) wird dies mit einem lokalen Balancierungskriterium erreicht. Für jeden Knoten wird verlangt, daß sich die Tiefen der beiden Teilbäume nur um 1 unterscheiden dürfen. Es ist keineswegs offensichtlich, daß dies zu einer globalen Balancierung führt. Es kann gezeigt werden, daß die Tiefe von AVL-Bäumen auf n Daten durch $\log_2(\sqrt{5}(n+2))/\log_2(\sqrt{5}+1)/2 - 3 \approx 1{,}44 \log_2 n$ beschränkt ist. Nach jeder Einfügung oder Löschung eines Datums kann das lokale Balancierungskriterium verletzt sein – allerdings nur für die Knoten auf dem eingeschlagenen Suchweg. Es gibt lokale Rebalancierungsregeln, die beim rückwärtigen Durchlaufen des Suchweges auf geeignete Weise angewendet wieder einen AVL-Baum erzeugen. Dies sind einfache und doppelte Rotationen (siehe Abb. 4.4).

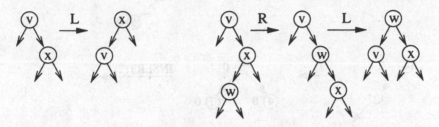

Abbildung 4.4: Links-Rotation und Rechts-Links-Rotation

Es ist leicht zu überprüfen, daß die Zeiger nach Rotationen weiterhin auf die richtigen Bereiche verweisen. Die drei Operationen SEARCH, INSERT und DELETE können in AVL-Bäumen in Zeit $O(\log n)$ ausgeführt werden.

Als Beispiel werden in Abb. 4.5 die Daten 4, 5, 7, 2, 1, 3, 6 in einen leeren AVL-Baum eingefügt. Die Reihenfolge der Daten wurde bewußt so gewählt, daß viele Rotationen notwendig wurden. Alle vier Rotationstypen (L, R, LR und RL, wobei R für Rechts und L für Links steht) kommen vor. Neben dem Knoten steht der Balancewert, das ist die Tiefe des linken Teilbaums minus der Tiefe des rechten Teilbaums.

Eine Alternative stellen *2-3-Bäume* dar. Knoten können nun ein Datum oder zwei Daten x und y enthalten. Im zweiten Fall gibt es drei Zeiger auf die Bereiche „kleiner als x", „zwischen x und y" und „größer als y". Weiter wird gefordert, daß Knoten entweder keinen nil-Zeiger oder nur nil-Zeiger haben und alle Blätter dieselbe Tiefe besitzen. Damit ist die Tiefe durch $\log_2 n$ beschränkt. Die Suchstrategie ergibt sich direkt. Wenn wir ein Datum neu einfügen wollen, endet die erfolglose Suche an einem Blatt. Wenn dieses nur ein Datum enthält, kann zusätzlich das neue Datum abgespeichert werden. Ansonsten erzeugen wir kurzfristig einen Knoten mit drei Daten, den wir sofort in drei Knoten mit je einem Datum zerlegen. Die drei Knoten bilden einen binären Suchbaum der Tiefe 1 wie in Abb. 4.4 ganz rechts. Die Tiefe dieses Teils im gesamten Suchbaum ist um 1 zu groß. Wir versuchen nun, das mittlere Datum im Elterknoten einzufügen. Dies gelingt, wenn dort nur ein Datum gespeichert ist, ansonsten entsteht wieder ein kurzfristiger Knoten mit drei Daten, der zerlegt wird. Das Verfahren endet spätestens nach Zerlegung der Wurzel. Dann ist wieder ein 2-3-Baum entstanden, da die Tiefe *aller* Blätter um 1 gewachsen ist. Salopp gesprochen wachsen 2-3-Bäume über ihre Wurzel. Auch die Löschung von Daten kann mit ähnlichen Methoden bewältigt werden, so daß auch in 2-3-Bäumen alle drei Operationen nur Zeit $O(\log n)$ benötigen.

Als Beispiel werden in Abb. 4.6 die Daten $A, L, G, O, R, I, T, H, M, U, S$ in einen leeren 2-3-Baum eingefügt.

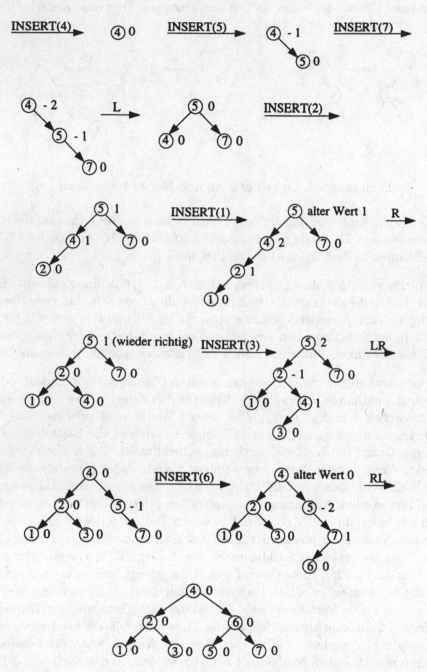

Abbildung 4.5: Die Entstehung eines AVL-Baums durch Einfügungen

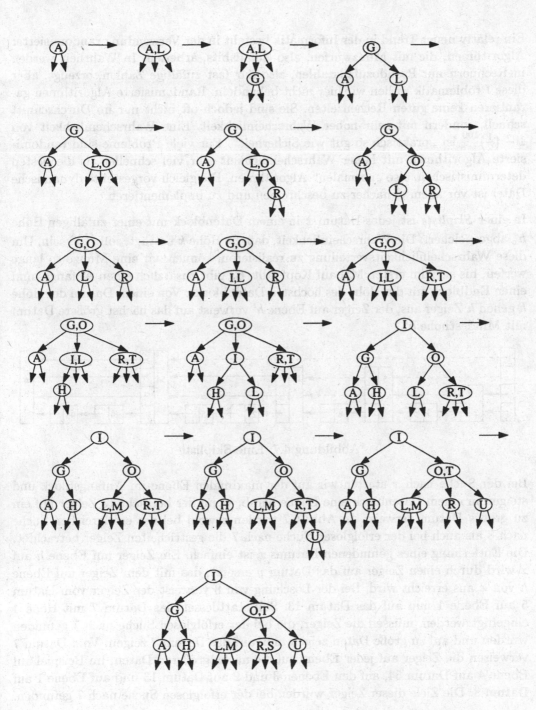

Abbildung 4.6: Die Entstehung eines 2-3-Baums durch Einfügungen

Ein relativ neuer Trend in der Informatik besteht in der Verwendung randomisierter Algorithmen, die mit Münzwürfen, also Zufallsbits, arbeiten. In Wahrheit werden in Rechnern nur Pseudozufallszahlen, also nur fast zufällige Zahlen, erzeugt, aber diese Problematik wollen wir hier nicht behandeln. Randomisierte Algorithmen garantieren keine guten Rechenzeiten. Sie sind jedoch oft nicht nur im Durchschnitt schnell, sondern mit sehr hoher Wahrscheinlichkeit. Eine Wahrscheinlichkeit von $1 - \left(\frac{1}{2}\right)^{100}$ ist „praktisch so gut wie Sicherheit". Für viele Probleme sind randomisierte Algorithmen mit hoher Wahrscheinlichkeit sehr viel schneller als die besten deterministischen, also „normalen" Algorithmen. Die gleich vorgestellte dynamische Datei ist vor allem einfacher zu beschreiben und zu implementieren.

In einer *Skipliste* ist jedes Datum x in einem Datenblock mit einer zufälligen Höhe h_x abgespeichert. Die Wahrscheinlichkeit, daß die Höhe k beträgt, soll $\left(\frac{1}{2}\right)^k$ sein. Um diese Wahrscheinlichkeitsverteilung zu realisieren, können wir eine Münze so lange werfen, bis sie zum ersten Mal auf Kopf fällt. Es gibt zusätzlich einen Anfangs- und einen Endblock mit der Höhe des höchsten Datenblocks. Von einem Datum der Höhe h gehen h Zeiger aus, der Zeiger auf Ebene h' verweist auf das nächst größere Datum mit Mindesthöhe h'.

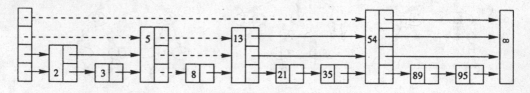

Abbildung 4.7: Eine Skipliste

Bei der Suche nach x starten wir auf der maximalen Ebene im Anfangsblock und steigen in einem Datenblock eine Ebene herab, wenn der betrachtete Zeiger auf ein zu großes Datum verweist. In Abb. 4.7 werden sowohl bei der erfolgreichen Suche nach 8 als auch bei der erfolglosen Suche nach 7 die gestrichelten Zeiger betrachtet. Die Entfernung eines gefundenen Datums x ist einfach. Ein Zeiger auf Ebene h auf x wird durch einen Zeiger auf das Datum y ersetzt, das mit dem Zeiger auf Ebene h von x aus erreicht wird. Bei der Löschung von 8 verweist der Zeiger vom Datum 5 auf Ebene 1 nun auf das Datum 13. Soll stattdessen das Datum 7 mit Höhe 4 eingefügt werden, müssen die Zeiger, die bei der erfolglosen Suche nach 7 gefunden wurden und auf zu große Daten zeigen, nun auf das Datum 7 zeigen. Vom Datum 7 verweisen die Zeiger auf jeder Ebene auf die nächstgrößeren Daten, im Beispiel auf Ebene 4 auf Datum 54, auf den Ebenen 3 und 2 auf Datum 13 und auf Ebene 1 auf Datum 8. Die Ziele dieser Zeiger wurden bei der erfolglosen Suche nach 7 gefunden.

Ohne tiefer in die Wahrscheinlichkeitstheorie einzusteigen, sollen einige Argumente zur Analyse dieser randomisierten Datenstruktur vorgestellt werden. Im Durchschnitt müssen wir eine Münze zweimal werfen, bis sie auf Kopf fällt. Also beträgt die Summe der Höhen der Datenblöcke durchschnittlich $2n$. Da wir n unabhängige

Versuche durchführen, ist für große n die Wahrscheinlichkeit, daß die Höhensumme größer als $2{,}5n$ oder auch nur $2{,}1n$ ist, verschwindend klein. Wesentlich für die Analyse der Rechenzeit ist die Rechenzeit für erfolgloses Suchen, alle anderen Operationen brauchen nur unwesentlich mehr Zeit. Mit welcher Wahrscheinlichkeit verweist ein betrachteter Zeiger auf ein zu großes Datum? Erstaunlicherweise ist es viel einfacher, den Suchweg rückwärts zu analysieren. Die Methode der *Rückwärtsanalyse* hat sich in vielen Fällen als hilfreich erwiesen. Wenn wir bei der Suche einen Datenblock erreichen, dann auf seiner höchsten Ebene. Wenn wir auf dem Rückwärtsweg auf einen Datenblock stoßen, beträgt die Wahrscheinlichkeit, daß dieser Datenblock eine höhere Ebene hat, nach Konstruktion genau $\frac{1}{2}$. Also gibt es durchschnittlich so viele „Aufstiege" wie „Rückwärtsschritte", bis zur Ebene $\lceil \log_2 n \rceil$ also $2\lceil \log_2 n \rceil$ Schritte. Die durchschnittliche Anzahl der Datenblöcke mit einer größeren Höhe ist durch 1 beschränkt. Skiplisten führen mit großer Wahrscheinlichkeit zu Rechenzeiten von $O(\log n)$ und sind strukturell sehr einfach.

4.4 Weitere Datenstrukturen

Exemplarisch sollen einige weitere grundlegende Datenstrukturen angesprochen werden. Beim *UNION-FIND Problem* (die typische Anwendung ist die Berechnung kostenoptimaler aufspannender Bäume, wenn die Kanten im Graphen mit Kosten versehen sind (siehe Abschnitt 4.6)) sollen ausgehend von n einelementigen Mengen $\{1\}, \ldots, \{n\}$ Folgen von Operationen UNION und FIND unterstützt werden. Hierbei bezeichnet UNION(A, B) die Vereinigung von A und B, wobei wir den Namen der Vereinigungsmenge frei wählen dürfen und die alten Mengen A und B nicht mehr benötigt werden, und FIND(x) erfordert die Berechnung des Namens der Menge, in der sich x gerade befindet.

Eine Möglichkeit besteht darin, die Mengen als wurzelgerichtete Bäume (Kanten verweisen auf den Elter) mit ihrer Größe und ihrem Namen zu verwalten. Mit dem Mengennamen wird auf die Wurzel des zugehörigen Baumes verwiesen. Wenn wir bei der Vereinigung die Wurzel des kleineren auf die Wurzel des größeren Baumes verweisen lassen, können wir garantieren, daß Bäume mit n Daten keine Wege größerer Länge als $\lceil \log_2 n \rceil$ haben. Bei einem FIND-Befehl laufen wir vom zugehörigen Datum bis zur Wurzel des Baumes, wo wir den Mengennamen finden. UNION-Befehle verursachen konstanten Zeitaufwand $O(1)$, während der Zeitaufwand von FIND-Befehlen durch $O(\log n)$ beschränkt ist. Wenn wir bei einem FIND-Befehl hinterher alle aufgesuchten Daten statt auf den bisherigen Elter auf die Wurzel verweisen lassen, können wir zukünftige FIND-Befehle beschleunigen. Dies wird *Pfadkomprimierung* (path compression) genannt.

Eine andere UNION-FIND Datenstruktur unterstützt die oft häufigeren FIND-Befehle besser. Dabei stehen die Daten in einem Array mit dem zugehörigen Mengennamen. So benötigt ein FIND-Befehl Zeit $O(1)$. Für jede Menge wird eine Liste ihrer Elemente und die Größe verwaltet. Bei einem UNION-Befehl wählen wir als neuen

Mengennamen den Namen der größeren zu vereinigenden Menge. Wir durchlaufen die Liste der kleineren Menge und ändern für alle Elemente den Mengennamen im Array. Anschließend hängen wir die Liste der größeren Menge an diese Liste an und ändern den Mengennamen und die Mengengröße auf passende Weise. Der Zeitaufwand ist proportional zur Größe der kleineren Menge. Bis alle Elemente sich in einer Menge gefunden haben, kann jedes Element nur bei $\lceil \log_2 n \rceil$ Vereinigungen zu der kleineren Menge gehören. So kann zwar ein UNION-Befehl linear viel Zeit benötigen, der gesamte Zeitaufwand für die maximal $n - 1$ UNION-Befehle ist jedoch durch $O(n \log n)$ beschränkt.

In zahlreichen Anwendungen gibt es für die Elemente $1, \dots, n$ Gewichte $w_1, \dots, w_n$, und man benötigt für Intervalle von i bis j das Gewicht $w_{ij} = w_i + \cdots + w_j$. Wenn wir nur die Einzelgewichte verwalten, benötigen wir für die Berechnung des Gewichtes von Intervallen der Länge l Zeit $O(l)$. Wenn wir dagegen alle w_{ij} vorab berechnen, benötigen wir Zeit $O(n^2)$ und Speicherplatz $O(n^2)$. Dafür können wir später Anfragen in konstanter Zeit beantworten. Beide Lösungen haben offensichtlich gravierende Nachteile, und wir sind an einem Kompromiß interessiert. Ein *Segmentbaum* (segment tree) basiert auf einem vollständig balancierten Baum mit n Blättern. Wenn ein Teilbaum m Blätter hat, liegen im linken bzw. rechten Teilbaum $\lceil m/2 \rceil$ bzw. $\lfloor m/2 \rfloor$ Blätter. Jeder Knoten v symbolisiert das Intervall $[i, j]$ aller Elemente, die Blätter im Teilbaum unter v sind. In v speichern wir $w_{i,j}$ ab.

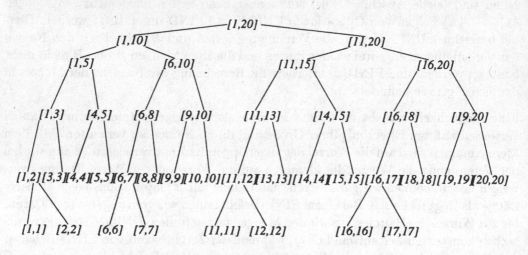

Abbildung 4.8: Ein Segmentbaum für $n = 20$

Der Aufbau der Datenstruktur ist in linearer Zeit möglich, der Baum hat $2n - 1$ Knoten. Wenn wir nun für ein beliebiges Intervall $I = [i, j]$ das Gewicht w_{ij} berechnen wollen, starten wir an der Wurzel. An jedem erreichten Knoten können wir für das zugehörige Intervall I' entscheiden, ob $I' \subseteq I$ ist. Im positiven Fall stoppen wir und verwenden den an I' gefundenen Wert als Summanden für w_{ij}. Im anderen Fall entscheiden wir, ob wir im rechten Teilbaum, im linken Teilbaum oder in beiden

Teilbäumen weitersuchen müssen. Wenn wir in Abb. 4.8 $w_{7,15}$ berechnen wollen, bildet schon die Wurzel einen Gabelungspunkt, wo wir links und rechts weitersuchen müssen. Im Beispiel erhalten wir $w_{7,15}$ als $w_{7,7} + w_{8,8} + w_{9,10} + w_{11,15}$. Wie viele Knoten müssen wir maximal aufsuchen? Bis zum ersten Gabelungspunkt ist der Weg eindeutig. Betrachten wir nun den Weg, der in diesem Gabelungspunkt nach links verläuft. Geraten wir an einen weiteren Gabelungspunkt, im Beispiel $[6, 10]$, dann wissen wir, daß von dort der rechte Weg sofort endet, hier am Knoten $[9, 10]$. Da wir schon einen Gabelungspunkt nach links verlassen haben, muß der rechte Bereich ganz zum gesuchten Intervall gehören. Es gibt also nur einen echten Gabelungspunkt, und wir betrachten auf jeder Ebene maximal vier Knoten, insgesamt $O(\log n)$ Knoten. Die Rechenzeit sinkt also auf $O(\log n)$, ohne daß Speicherplatz und Zeit für die Erzeugung der Datenstruktur wesentlich ins Gewicht fallen.

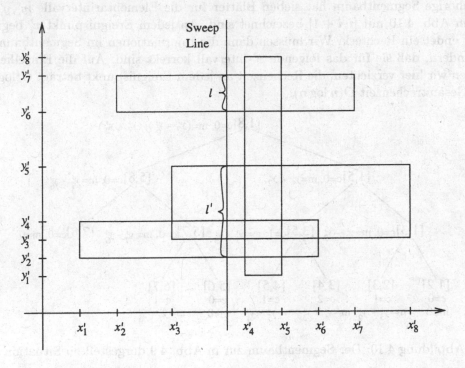

Abbildung 4.9: Vier sich überlappende Rechtecke mit Sweep Line im Intervall $[x_3', x_4']$; es ist $l_3 = l + l' = (y_7' - y_6') + (y_5' - y_2')$

Anwendung finden Segmentbäume vor allem in Algorithmen für geometrische Probleme. Für n achsenparallele Rechtecke $R_i = [x_{2i-1}, x_{2i}] \times [y_{2i-1}, y_{2i}]$ in der Ebene soll die überdeckte Fläche berechnet werden, Abb. 4.9. Das Problem ist nicht trivial, da sich die Rechtecke überlappen können. Wir verwenden einen *Sweep Line Algorithmus*, bei dem wir gedanklich eine vertikale Gerade von links nach rechts über die Ebene führen und dort anhalten, wo „etwas passiert". Dazu verwalten wir eine Event Status Datenstruktur, die uns an jedem Haltepunkt mit den nötigen Informationen versorgt. Für unser Rechteckproblem werden wir nun konkreter. Die $2n$ x-Koordinaten sowie die $2n$ y-Koordinaten werden in Zeit $O(n\log n)$ (siehe Abschnitte 3.1.5 und 4.5) der Größe nach sortiert zu $x'_1,\ldots,x'_{2n}$ bzw. $y'_1,\ldots,y'_{2n}$. In jedem Intervall $[x'_i, x'_{i+1}]$ ist die Länge l_i des Durchschnitts der Sweep Line mit den Rechtecken konstant, und die Rechteckfläche in diesem Streifen beträgt $l_i \cdot (x'_{i+1} - x'_i)$ (siehe Abb. 4.9). Wie erhalten wir l_i? Dazu verwalten wir einen Segmentbaum mit $2n - 1$ Blättern, die den Intervallen $[y'_i, y'_{i+1}]$ entsprechen. Am Knoten v für das Intervall I verwalten wir $c(v)$ und $m(v)$. Dabei ist $c(v)$ die Anzahl der Rechtecke, die im betrachteten Streifen $[x'_i, x'_{i+1}] \times \mathbb{R}$ das zu v gehörige Intervall in y-Richtung vollständig überdecken. Schließlich soll $m(v)$ die Länge des Durchschnitts der Sweep Line im betrachteten Streifen mit den Rechtecken und dem zu v gehörigen Intervall in y-Richtung angeben. Dann ist der m-Wert an der Wurzel das gesuchte l_i. Der hier zugehörige Segmentbaum hat sieben Blätter für die Elementarintervalle $[y'_i, y'_{i+1}]$, die in Abb. 4.10 mit $[i, i+1]$ bezeichnet sind. An jedem Ereignispunkt x'_i beginnt oder endet ein Rechteck. Wir müssen dann die Informationen im Segmentbaum so verändern, daß sie für das folgende x'-Intervall korrekt sind. Auf die Einzelheiten wollen wir hier verzichten, die Rechenzeit an jedem Ereignispunkt beträgt $O(\log n)$, die Gesamtrechenzeit $O(n\log n)$.

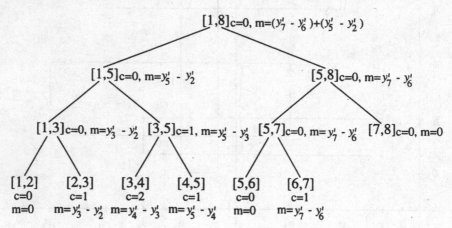

Abbildung 4.10: Der Segmentbaum zur in Abb. 4.9 dargestellten Situation

4.5 Sortieren

Gegeben seien n Elemente $a_1, a_2, \ldots, a_n$ aus einer Menge, deren Elemente geordnet werden können, z. B. Zahlen oder Wörter wie im Lexikon. Das *Sortierproblem* besteht darin, diese Folge so umzuordnen, daß sie eine aufsteigende Folge bilden, vgl. Abschnitt 3.1.5. Wenn wir keine weiteren Voraussetzungen machen, können wir Informationen über die Ordnung der Elemente nur durch Vergleiche gewinnen. Bei verschiedenen Elementen hat ein Vergleich nur zwei mögliche Ergebnisse. Da es aber $n!$ Permutationen gibt (Fakultätsfunktion und Stirlingsche Näherung siehe

Abschnitt 2.4), sind im worst case mindestens $\lceil \log_2(n!) \rceil \approx \lceil \log_2(n^n \cdot e^{-n} \cdot \sqrt{2\pi n}) \rceil \approx$ $n \cdot \log_2 n - n \cdot \log_2 e \approx n \log_2 n - 1{,}443n$ Vergleiche notwendig. Es kann gezeigt werden, daß auch im average case, gemittelt über alle Ordnungstypen, also alle „Unordnungen" der a-Elemente, $\lceil \log(n!) \rceil - 1$ Vergleiche notwendig sind. Falls allerdings bekannt ist, daß die Elemente Zahlen aus einer relativ kleinen Grundmenge, z.B. $\{1, \ldots, n^k\}$, sind, kann effizienter, nämlich in Zeit $O(kn)$ sortiert werden (BUCKET SORT).

Hier stellen wir nur allgemeine Sortierverfahren vor, die ohne Voraussetzungen an die zu sortierenden Elemente arbeiten. INSERTION SORT beruht auf der einfachen Idee der Binären Suche. Wenn $a_1, \ldots, a_i$ bereits in sortierter Folge am Anfang eines Arrays der Länge n stehen, kann die passende Position von a_{i+1} mit Binärer Suche in $\lceil \log_2(i+1) \rceil$ Vergleichen gefunden werden, dies sind insgesamt weniger als $\log_2(n!) + n$ Vergleiche. Der entscheidende Nachteil ist, daß durchschnittlich die Hälfte der bereits sortierten Elemente verschoben werden muß, damit a_{i+1} an der passenden Position eingefügt werden kann; dies sind $\Theta(n^2)$ weitere Operationen.

Bei MERGE SORT sortieren wir rekursiv die erste Hälfte der Elemente und auch die zweite Hälfte der Elemente. Danach müssen die beiden sortierten Folgen nur noch „gemischt" (mischen = to merge) werden. Dies ist mit dem Reißverschlußverfahren (siehe Abschnitt 4.1) für sortierte Listen mit maximal $n-1$ Vergleichen möglich. Dies ergibt, falls n eine Zweierpotenz ist, genau $n \log_2 n - n + 1$ Vergleiche. Allerdings arbeitet MERGE SORT nicht in situ (am Platze) sondern kopiert die Elemente beim Mischen in andere Speicherbereiche. Neben dem Eingabearray benötigen wir ein weiteres Array der Länge n, um auf jeder Rekursionsstufe die Ergebnisse des Mischens im jeweils anderen Array abzulegen.

15	47	33	87	98	17	53	76	83	2	53	27	44
15	47	33	44	98	17	53	76	83	2	53	27	87
15	47	33	44	27	17	53	76	83	2	53	98	87
15	47	33	44	27	17	2	76	83	53	53	98	87
15	47	33	44	27	17	2	53	83	76	53	98	87

Abbildung 4.11: Die erste Phase von QUICK SORT auf einer Eingabe der Länge $n = 13$ mit dem ausgewählten Element $a_7 = 53$

Das am häufigsten verwendete Sortierverfahren ist zweifellos QUICK SORT. Ein ausgewähltes Element a_i (verschiedene Strategien zur Wahl von a_i werden später erläutert) soll an die passende Arrayposition gebracht werden. Dies ist mit $n - 1$ Vergleichen möglich (siehe Abb. 4.11), indem wir a_i mit jedem anderen Element vergleichen. Um in situ zu arbeiten, suchen wir von links ein Element links von a_i, das größer als a_i ist, und von rechts ein Element rechts von a_i, das kleiner als a_i ist. Sind beide Elemente gefunden, werden sie vertauscht. Wenn nur eines gefunden wird, muß es mit a_i vertauscht werden. Es wird analog fortgefahren, bis keine Elemente mehr gefunden werden. Dann steht a_i an seiner richtigen Position; alle links davon stehenden Elemente sind höchstens so groß wie a_i, alle rechts davon stehenden mindestens so groß wie a_i. Wenn also a_i an der Position j steht, haben wir noch Sortierprobleme der Größen $j-1$ und $n-j$ zu lösen. Im günstigsten Fall ist $j \approx n/2$. Wenn wir immer Glück haben, genügen ungefähr $n \log_2 n$ Vergleiche. Wenn wir immer Pech haben, ist a_i stets das kleinste oder größte Element, und wir brauchen $n(n-1)/2$ Vergleiche. QUICK SORT ist im worst case schlecht, da Laufzeiten in der Größenordnung n^2 gegenüber Laufzeiten von $n \log_2 n$ sehr groß sind. Wie steht es mit dem average case, wenn alle Anordnungen gleichwahrscheinlich sind? Sei $V(n)$ die durchschnittliche Anzahl an Vergleichen, also $V(0) = V(1) = 0$ und $V(2) = 1$. Da das ausgewählte Element mit Wahrscheinlichkeit $1/n$ die Position j erhält und die Anordnungsmöglichkeiten für die rekursiven Aufrufe wieder gleichwahrscheinlich sind, gilt

$$V(n) = n - 1 + \frac{1}{n} \sum_{1 \leq j \leq n} (V(j-1) + V(n-j)).$$

Diese Rekursionsgleichung läßt sich exakt lösen (man beachte Hinweis 4 in Abschnitt 2.4):

$$V(n) = 2(n+1)(1 + \frac{1}{2} + \ldots + \frac{1}{n}) - 4n \approx 1{,}386 n \log_2 n - 2{,}846 n.$$

QUICK SORT benötigt also im Mittel rund 38% mehr Vergleiche als das theoretische Optimum. Noch besser werden wir, wenn das ausgewählte Element möglichst nahe in der Mitte der sortierten Folge steht. Bei CLEVER QUICK SORT wählen wir drei Elemente an zufälligen Positionen aus und bestimmen das mittlere dieser drei Elemente als ausgewähltes Element. Die Analyse wird viel komplizierter, für die Ergebnisse siehe Tab. 4.2.

Abschließend diskutieren wir HEAP SORT Varianten. Bei n Elementen stellen wir uns einen binären Baum mit n Knoten vor, in dem alle Ebenen bis auf die letzte vollständig belegt sind. Die Knoten in der letzten Ebene sind so weit links wie möglich angeordnet, siehe Abb. 4.12.

Dieser Baum existiert nur in unserer Vorstellung, im Rechner stehen die Elemente in einem Array. Es ist leicht einzusehen, daß wir keine Zeiger benötigen, um uns in dem gedachten Baum zu bewegen: Die Kinder von Position i stehen an den Positionen $2i$ und $2i+1$, der Elter an Position $\lfloor i/2 \rfloor$. Unser Array (oder unser Baum) ist ein Heap (Haufen), wenn jedes Element mindestens so groß ist wie die Elemente in seinen Kindern.

Entscheidend ist die Prozedur reheap(i, m), die nur das Teilarray bis Position m betrachtet und darin den Teilbaum mit Wurzel i, siehe Abb. 4.13. Es wird angenommen, daß in diesem Teilbaum die Heapeigenschaft höchstens an der Wurzel verletzt ist. Die Prozedur erzeugt aus diesem Teilbaum einen Heap. Alle Realisierungen von reheap erzeugen denselben Heap. Wir betrachten dazu den Weg von der Wurzel zu

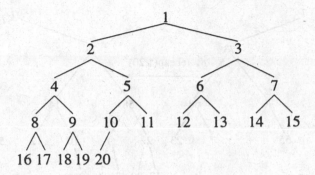

Abbildung 4.12: Die Heappositionen für $n = 20$

einem Blatt, wobei wir stets das größere Kind auswählen. Auf diesem Weg steht vorne das Wurzelelement x und dann wegen der Heapeigenschaft eine absteigend sortierte Folge $x_1 \geq \ldots \geq x_l$. Wenn $x_j \geq x \geq x_{j+1}$ ist, erhalten wir einen Heap, indem wir $x_1, \ldots, x_j$ eine Ebene im Baum aufsteigen lassen und x an der entsprechenden freien Stelle einfügen. Bei der klassischen reheap-Variante werden $2(j+1)$ Vergleiche gebraucht, je $j + 1$ für die Vergleiche der Kinder auf einer Ebene und für den Vergleich des größeren Kindes mit x. Bei der bottom-up-Variante wird erst mit l Vergleichen der gesamte Weg gefunden. Dann kann auf diesem Weg von hinten mit Linearer Suche die passende Position gefunden werden, was in unserem Beispiel $l - j + 1$ zusätzliche Vergleiche benötigt. Bei Binärer Suche genügen in jedem Fall ungefähr $\log_2 l$ Vergleiche. Da wir aber Elemente von den Blättern an die Wurzel bringen, sind diese typischerweise sehr klein und erhalten beim reheap-Aufruf wieder Positionen nahe den Blättern. Folglich ist j meistens l oder $l - 1$ und daher ist BOTTOM-UP HEAP SORT mit Linearer Suche die beste Variante.

Wir erhalten aus einem ungeordneten Array einen Heap, wenn wir reheap(i, n) für $i = \lfloor n/2 \rfloor, \ldots, 1$ aufrufen. Die Heapeigenschaft ist nämlich für die Blätter $\lfloor n/2 \rfloor + 1, \ldots, n$ stets gegeben und wird so „von hinten" für immer mehr Positionen realisiert. Im Heap steht das größte Element an der Wurzel. Wenn wir es mit dem Element an Position n vertauschen, ist das größte Element an der richtigen Position. Für das Restarray bis Position $n - 1$ ist die Heapeigenschaft nur an der Wurzel verletzt und kann mit reheap$(1, n - 1)$ wieder hergestellt werden. Wir fahren analog fort, bis das Array sortiert ist.

Wir erläutern die Prozedur reheap(1,20) an einem Beispiel (siehe Abb. 4.13). Es ist $x = 7$, $x_1 = 92$, $x_2 = 78$, $x_3 = 58$, $x_4 = 4$. Die klassische Variante vergleicht 92 und 73 und dann das Maximum 92 mit 7. Dann werden 78 und 14 verglichen sowie 78 und 7, danach 22 und 58 sowie 58 und 7, schließlich 2 und 4 sowie 4 und 7. Da $7 > 4$, bricht das Verfahren ab, auch wenn der Heap tiefer wäre. Wir haben 8 Vergleiche gebraucht. Bei der bottom-up Variante werden die 4 Vergleiche $92 \leftrightarrow 73$, $78 \leftrightarrow 14$,

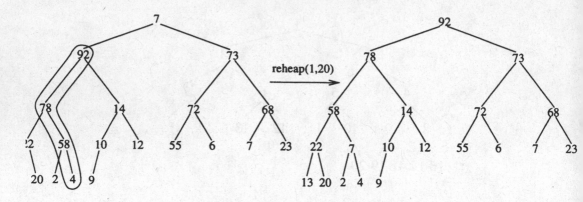

Abbildung 4.13: Die reheap-Prozedur

$22 \leftrightarrow 58$ und $2 \leftrightarrow 4$ durchgeführt. Dann wird von 4 aus rückwärts gesucht und es genügen die 2 zusätzlichen Vergleiche $7 \leftrightarrow 4$, $7 \leftrightarrow 58$, insgesamt 6 Vergleiche.

Mit der Prozedur reheap lautet der klassische Heapalgorithmus:

```
i:=n div 2; while i>0 do reheap(i,n); i:=i-1 od; m:=n;
while m>1 do vertausche a[1] und a[m]; reheap(1,m-1); m:=m-1 od
```

Wir fassen das Verhalten der Sortieralgorithmen in Tabelle 4.2 zusammen.

	Vergleiche worst case	Vergleiche average case	Sonstige O-perationen	Extra-platz
untere Schranke	$n \log_2 n - 1{,}443n$	$n \log_2 n - 1{,}443n$	$\Omega(n)$	$\Omega(1)$
IS	$n \log_2 n - 0{,}443n$	kaum weniger	$\Theta(n^2)$	$\Theta(1)$
MS	$n \log_2 n - n$	kaum weniger	$\Theta(\#\mathrm{Vergl.})$	$\Theta(n)$
QS	$0{,}5n^2$	$1{,}386n \log_2 n - 2{,}846n$	$\Theta(\#\mathrm{Vergl.})$	$\Theta(\log n)$
CQS	$0{,}25n^2$	$1{,}188n \log_2 n - 2{,}255n$	$\Theta(\#\mathrm{Vergl.})$	$\Theta(1)$
HS	$2n \log_2 n + O(n)$	$2n \log_2 n \pm O(n)$	$\Theta(\#\mathrm{Vergl.})$	$\Theta(1)$
BHS-BS	$n \log_2 n + n \log_2 \log_2 n + 3n$	kaum weniger	$\Theta(\#\mathrm{Vergl.})$	$\Theta(1)$
BHS-LS	$1{,}5n \log_2 n + O(n)$	$n \log_2 n + O(n)$	$\Theta(\#\mathrm{Vergl.})$	$\Theta(1)$

Tabelle 4.2: Analyse der Sortieralgorithmen INSERTION SORT(IS), MERGE SORT (MS), (CLEVER) QUICKSORT (QS und CQS), HEAP SORT (HS) und BOTTOM-UP HEAP SORT mit BINÄRER bzw. LINEARER SUCHE (BHS-BS und BHS-LS)

4.6 Entwurfsmethoden für effiziente Algorithmen

Datenstrukturen bilden wichtige Bausteine von effizienten Algorithmen. Strategien für die Vorgehensweise von Algorithmen werden dagegen durch *Entwurfsmethoden* für effiziente Algorithmen bestimmt, die wir hier einführend beschreiben.

Mit QUICK SORT und MERGE SORT haben wir bereits Vertreter aus der Klasse der *Divide-and-Conquer* Algorithmen kennengelernt. Bei QUICK SORT haben wir eine Zerlegung des Problems in zwei disjunkte Teile so berechnet, daß wir hinterher nur noch die beiden Teilprobleme lösen mußten. Bei MERGE SORT ergab sich die Problemzerlegung direkt, und wir mußten am Ende noch etwas arbeiten, um aus der Lösung der Teilprobleme die Gesamtlösung zu erhalten. Gemeinsam ist Divide-and-Conquer Algorithmen, daß sie Probleme in möglichst wenige, möglichst kleine Teilprobleme vom selben Typ zerlegen und daß zur Gesamtlösung neben der Lösung der Teilprobleme nur wenig Aufwand betrieben werden muß.

Rekursive Algorithmen beinhalten die Gefahr, daß dieselben Teilprobleme sehr oft gelöst werden. Wenn wir die Fibonacci-Zahlen durch $Fib(0) = 0$, $Fib(1) = 1$ und $Fib(k) = Fib(k-1) + Fib(k-2)$ definieren und diese Definition naiv als rekursiven Algorithmus benutzen, benötigen wir exponentielle Zeit für die Berechnung von $Fib(n)$, während ein iteratives Vorgehen mit Zeit $O(n)$ auskommt. Die Methode der *Dynamischen Programmierung* schreibt dagegen vor, erst die „kleinen" Probleme zu lösen, die Ergebnisse in einer Tabelle abzuspeichern und bei Bedarf zu verwenden. Betrachten wir das Problem, in einem vollständigen Graphen mit Kantenkosten $c_{kl} \geq 0$ für alle Knotenpaare (i,j) die Kosten des billigsten Weges von i nach j zu berechnen. Entscheidend ist die Frage, wie wir Teilprobleme bilden. Mit c_{ij}^k bezeichnen wir die Kosten eines billigsten i-j-Weges, wenn als Zwischenknoten nur Knoten aus $\{1, \dots, k\}$ erlaubt sind. Dann sind wir an den c_{ij}^n-Werten interessiert und kennen $c_{ij}^0 = c_{ij}$. Aus allen $c_{\cdot,\cdot}^{k-1}$-Werten lassen sich die $c_{\cdot,\cdot}^k$-Werte folgendermaßen berechnen:

$$c_{ij}^k = \min\{c_{ij}^{k-1}, c_{ik}^{k-1} + c_{kj}^{k-1}\}.$$

Wir können den neuen Zwischenknoten entweder nicht benutzen oder von i nach k und von dort nach j gehen, wobei alle Zwischenknoten auf den Teilwegen aus $\{1, \dots, k-1\}$ sind. Insgesamt berechnen wir n^3 c-Werte mit je zwei Operationen, also beträgt die Rechenzeit $O(n^3)$.

Mit dem Problem der Berechnung kostenoptimaler Wege sind wir schon bei *Optimierungsproblemen*, die natürlich in vielen Anwendungsgebieten eine zentrale Rolle spielen. Eine Methode zur Lösung von Optimierungsproblemen sind *Greedy Algorithmen* (greedy = gierig). Wenn eine Lösung aus vielen Teilen besteht, wählen wir stets gierig ein billigstes Teil. Allerdings muß diese lokale Minimierung nicht zum Ziel führen. In der Lebensplanung sollten wir uns ja auch nicht heute so amüsieren, daß wir morgen pleite sind. Wenn wir in einem Graphen mit Kosten auf den Kanten einen kostenoptimalen aufspannenden Baum (kurz *minimalen Spannbaum*) berechnen wollen, ist der Greedy Ansatz erfolgreich. Wir sortieren die Kanten bzgl. ihrer Kosten und starten mit dem Wald aus n Bäumen mit je einem Knoten. Dann durchlaufen wir die sortierte Kantenfolge und wählen die Kanten, die zwei Bäume verbinden. Es läßt sich beweisen, daß so ein kostenoptimaler aufspannender Baum entsteht. Für die Implementierung sind UNION-FIND Datenstrukturen geeignet, die als Mengen die Knotenmengen der Bäume des Waldes verwalten. Ob die Kante (i, j) gewählt wird, hängt davon ab, ob i und j nicht im selben Baum sind, d.h. ob $\text{FIND}(i) \neq \text{FIND}(j)$ ist. In diesem Fall werden die beiden Bäume „vereinigt". Es sei $e_1 = \{i_1, j_1\}, \ldots, e_m = \{i_m, j_m\}$ die Folge der Kanten, nachdem sie bzgl. der Kantenkosten aufsteigend sortiert wurde. Wir initialisieren eine UNION-FIND Datenstruktur mit den n Mengen $A_1, \ldots, A_n$, wobei $A_i = \{i\}$ ist. Dann erhalten wir mit folgendem Programmstück die Kantenmenge T eines minimalen Spannbaums, wenn T als leere Menge initialisiert wird.

```
for k := 1 to 1 do
  if FIND(iₖ) ≠ FIND(jₖ)
    then T := T ∪ {{iₖ,jₖ}}; UNION(FIND(iₖ),FIND(jₖ)) fi od
```

Das bekannte Problem des Handlungsreisenden (Traveling Salesman Problem, TSP) gibt n Städte mit den Entfernungen zwischen je zwei Städten vor und fragt nach der kürzesten Rundreise durch alle Städte. Wenden wir auf das TSP einen Greedy Algorithmus an, indem wir irgendwo starten und stets zum nächsten noch nicht besuchten Nachbarn gehen, erhalten wir fast nie eine optimale Rundreise.

Für das TSP und viele andere Probleme sind *Branch-and-Bound Verfahren* geeignet. Sie bestehen aus drei wesentlichen Modulen, je einem zur Berechnung einer oberen und einer unteren Schranke für den Wert einer optimalen Lösung (Bounding) und einem zur Zerlegung des Problems in Teilprobleme (Branching). Beim TSP liefert jeder heuristische Algorithmus eine obere Schranke für die Kosten einer optimalen Rundreise, hier können auch Greedy Algorithmen eine Anwendung finden. Unter einem heuristischen Algorithmus versteht man dabei einen Algorithmus, der keine Güte der berechneten Lösung garantiert, von dem man aber hofft, daß er in kurzer Zeit eine gute Lösung liefert. Untere Schranken werden oft durch die Lösung einer Relaxation des Problems gefunden (to relax = lockern), d.h.wir lockern die Nebenbedingungen. Eine Rundreise läßt sich durch drei Bedingungen an die Auswahl von Kanten charakterisieren. Jeder Knoten hat Ingrad 1, ebenso Outgrad 1, und die ausgewählten Kanten bilden einen zusammenhängenden Graphen. Wir lassen nun die dritte Bedingung weg. Wir suchen also eine kostenoptimale Auswahl von n Kanten, so daß jeder Knoten Ingrad 1 und Outgrad 1 hat. Wie sieht ein Graph aus derartigen n Kanten aus? Er besteht aus ein oder mehreren Kreisen, so daß jeder Knoten auf genau einem Kreis liegt. Dieses Problem heißt auch Zuordnungsproblem und kann in Zeit $O(n^3)$ gelöst werden. Da alle Rundreisen auch Zuordnungen sind, bilden die Kosten einer billigsten Zuordnung eine untere Schranke für die Kosten einer billigsten Rundreise. Wenn wir Glück haben, stimmen obere und untere Schranke überein und die bei der Berechnung der oberen Schranke erhaltene Rundreise ist optimal. Sonst zerlegen wir das Problem. Wir können z.B. in der bei der unteren Schranke berechneten Zuordnung die kleinste Teilrundreise auswählen und, wenn sie k Kanten $e_1, \ldots, e_k$ enthält, k Teilprobleme folgendermaßen bilden. Im ersten Problem wird e_1 verboten (die Kosten werden auf ∞ gesetzt), im zweiten Problem wird e_1 als Teil der Rundreise erzwungen und e_2 verboten usw. Wichtig ist, daß die Teilprobleme disjunkt sind, so daß wir Rundreisen nicht mehrfach betrachten. Wir verpassen auch keine Rundreise, da in jeder Rundreise eine der Kanten $e_1, \ldots, e_k$ fehlen muß. Für die Teilprobleme werden wieder Schranken berechnet. Wenn die kleinste obere Schranke der aktiven, d.h. noch unzerlegten Teilprobleme mit der kleinsten unteren Schranke übereinstimmt, haben wir das Problem gelöst, ansonsten zerlegen wir z.B. das Problem mit der kleinsten unteren Schranke. Die entstehenden Probleme bilden den schon in Abschnitt 4.2 angesprochenen Branch-and-Bound Baum. Die Rechenzeit von Branch-and-Bound Algorithmen ist kaum zu analysieren.

Bei Optimierungsproblemen ist es oft besser, schnell eine Lösung zu berechnen, die garantiert nahe am Optimum liegt, anstatt sehr lange auf eine optimale Lösung zu warten. Dies leisten *Approximationsalgorithmen*. Beim Bin Packing Problem BPP sollen n Objekte der Größe $s_1, \ldots, s_n$ in möglichst wenige Kisten der Größe S gepackt werden. Der Approximationsalgorithmus FIRST FIT DECREASING ordnet die Objekte zunächst nach absteigender Größe an (daher der Name decreasing) und stellt gedanklich n leere Kisten bereit. Die Objekte werden der Reihe nach in eine Kiste gepackt. Beim Verpacken des i-ten Objektes wählen wir die erste (first) Kiste, d.h. die Kiste mit der kleinsten Nummer, in die das Objekt paßt (fit). Dies läßt sich effizient realisieren. Es kann, allerdings nur mit einem komplizierten Beweis, gezeigt werden, daß dieser Algorithmus nie mehr als $\frac{11}{9} opt + 4$ Kisten benötigt, wenn die optimale Lösung mit opt Kisten auskommt.

Eine Reihe von *heuristischen Algorithmen* konzentriert sich darauf, den Suchraum, also den Raum aller Lösungen, z.B. die $(n-1)!$ Rundreisen beim TSP, geschickt zu durchsuchen. Dabei wird weder eine bestimmte Rechenzeit garantiert noch eine bestimmte Güte der berechneten Lösung. Experimente müssen belegen, daß in vielen Fällen schnell eine gute Lösung berechnet wird. Bei der *Lokalen Suche* wird auf dem Suchraum eine Nachbarschaftsbeziehung definiert, beim TSP sind z.B. alle Rundreisen R' Nachbarn einer Rundreise R, wenn sie aus R durch Aufschneiden in drei (oder vier, ...) Wege und ein beliebiges Zusammenkleben dieser Wege entstehen. Startend mit einer zufälligen Rundreise R^* wird in der Nachbarschaft eine beste Rundreise R^{**} gesucht. Ist $R^* = R^{**}$, wird R^* als Lösung präsentiert und ansonsten mit R^{**} analog weitergemacht. So erhalten wir zumindest eine lokal optimale Lösung. Ist die Nachbarschaft so groß, daß eine Betrachtung aller Nachbarn zu lange dauert, kann stets ein zufälliger Nachbar R^{**} gewählt werden. In diesem Fall brechen wir ab, wenn wir in einer vorgegebenen Anzahl von Versuchen keine bessere Lösung gefunden haben.

Nachteil dieses Verfahrens ist, daß wir in einem lokalen Optimum auf jeden Fall hängenbleiben. *Simulated Annealing Verfahren* simulieren Verfahren bei der Erzeugung reiner Kristalle (to anneal = kühlen). Dabei werden Nachbarn zufällig betrachtet. Bessere Nachbarn ersetzen in jedem Fall die betrachtete Lösung. Ist ein Nachbar schlechter als die betrachtete Lösung, übernehmen wir ihn trotzdem mit einer gewissen Wahrscheinlichkeit, die mit der Temperatur ebenso sinkt wie mit dem Grad der Verschlechterung. Wir können also lokale Optima verlassen und nach zwischenzeitlicher Verschlechterung hoffentlich bessere Lösungen erreichen. Die Temperatur sinkt nach einer vorgegebenen Strategie, im einfachsten Fall nach einem festen Schema. Zu Anfang werden lokale Optima mit größerer Wahrscheinlichkeit verlassen. Da wir hoffen, im Laufe der Zeit zu besseren Lösungen zu gelangen, akzeptieren wir Verschlechterungen nur noch in geringerem Maße. Am Ende sinkt die Temperatur auf Null, der Prozeß wird eingefroren, mit Lokaler Suche wird nur noch ein lokales Optimum gesucht und die Suche beendet.

Als Beispiel wählen wir wieder das TSP. Um einen zufälligen Nachbar R' einer Rundreise R zu bestimmen, wählen wir zufällig vier Kanten in R, zerlegen R an diesen vier Stellen und fügen die vier Teile zufällig zusammen. Mit $d(R, R')$ bezeichnen wir die Differenz der Kosten von R und der Kosten von R'. Die Anfangstemperatur sei $T_0 > 0$, und wir betrachten die Temperaturstufen T_0, $\frac{9}{10}T_0$, $\frac{8}{10}T_0$, ..., $\frac{1}{10}T_0$, 0. Der Einfachheit halber nehmen wir an, daß wir die Temperatur senken, wenn wir entweder a^*-mal eine neue Rundreise akzeptiert haben oder b^* neue Rundreisen berechnet haben. Diese Parameter T_0, a^* und b^* müssen problemspezifisch vorgegeben werden. Der Algorithmus sieht dann wie folgt aus.

```
var T : real; a,b : integer;
Aktuelle Temperatur T := T₀; aktuelle Rundreise R zufällig auswählen;
a := 0; b := 0;
while T > 0 or (a ≠ a* and b ≠ b*) do
   if T > 0 and (a = a* or b = b*) then
      T := T - 1/10 * T₀; a := 0; b := 0 fi
   ermittle zufällig einen Nachbarn R' von R;
   w := Minimum von 1 und e^{-d(R,R')/(T+0,01)};
   wähle zufällig eine reelle Zahl z aus dem Intervall [0, 1);
   if z < w then R := R'; a := a + 1 fi;
   b := b + 1
od
```

Falls $d(R, R') \geq 0$, ist $e^{d(R,R')/T} \geq 1$ und R' wird mit Sicherheit als neue aktuelle Rundreise akzeptiert. Ansonsten steuern $d(R, R')$ und T die Akzeptanzwahrscheinlichkeit. Bei hoher Temperatur ist $d(R, R')/T$ nahe 0 und die Akzeptanzwahrscheinlichkeit groß. Ist schließlich $T = 0$, werden nur noch bessere Rundreisen akzeptiert. Falls jedoch R' viel schlechter als R ist, ist $d(R, R')$ negativ und von großem Betrag. Dann ist die Akzeptanzwahrscheinlichkeit auch bei relativ hoher Temperatur klein.

Beim Simulated Annealing werden in einem Schritt nur benachbarte Lösungen betrachtet. *Genetische Algorithmen* ermöglichen „größere Sprünge". Diese Suchstra-

tegien simulieren bestimmte Aspekte der von Darwin beschriebenen Evolution der
Arten. Wir nehmen an, daß sich die Elemente im Suchraum als Bitstrings fester
Länge beschreiben lassen. Wir starten nicht mehr mit einem Subjekt (d.h. einer
Lösung), sondern mit einer Menge, einer sog. Population von mehreren oder vielen
Subjekten. Jedes Subjekt hat eine bestimmte „Fitness", im einfachsten Fall ist das
der Wert der Lösung. Dann wird eine bestimmte Anzahl von Paaren ausgewürfelt,
nach Gleichverteilung oder mit Vorteilen für die „fitteren" Subjekte. Die Paare bil-
den Eltern und erzeugen Kinder. Für jede Bitposition wird ausgewürfelt, ob das
Kind das Bit (Gen) des Vaters oder der Mutter erhält. Mutationen sollen zufällig
in der Population gar nicht oder kaum vorhandene Information erzeugen. Bei den
Kindern werden einige wenige Positionen ausgewürfelt und die Bits an diesen Stellen negiert. Aus Eltern und Kindern (oder nur aus den Kindern) wird die nächste
Generation von Subjekten gebildet. Nach Darwins Prinzip des „Survival of the Fit-
test" erhalten die fitteren Subjekte eine größere Überlebenswahrscheinlichkeit. Das
Verfahren endet nach einer bestimmten Anzahl von Generationen oder wenn einige Generationen lang keine besseren Subjekte erzeugt werden. Das beste erzeugte
Subjekt bildet die berechnete Lösung.

Als Beispiel betrachten wir die Optimierung der Funktion $f : \{0,1\}^{10} \longrightarrow \mathbb{Z}$ mit
$f(a_1, \ldots, a_{10}) = (-1)^s s$, wobei $s = a_1 + \cdots + a_{10}$ die Anzahl der Einsen in der
Eingabe ist. f soll maximiert werden. Bei einer Populationsgröße von 6 könnte eine
Population folgendermaßen aussehen:

$$a^1 = 1001011110 \,, \ f(a^1) = \ \ \ 6 \,, \qquad a^4 = 1001111111 \,, \ f(a^4) = \ \ \ 8 \,,$$

$$a^2 = 0101000111 \,, \ f(a^2) = -5 \,, \qquad a^5 = 0011000001 \,, \ f(a^5) = -3 \,,$$

$$a^3 = 1101110111 \,, \ f(a^3) = \ \ \ 8 \,, \qquad a^6 = 0111111111 \,, \ f(a^6) = -9$$

Wenn a^3 und a^4 ein Kind erzeugen, liegen alle Positionen bis auf die Positionen 2
und 7 fest. Mit Wahrscheinlichkeit 1/4 erzeugen wir dort Einsen und erhalten ein
Kind mit Fitness -9. Mit Wahrscheinlichkeit von je 1/4 ist das Kind gleich einem
der Elternteile und hat Fitness 8, und mit Wahrscheinlichkeit 1/4 erzeugen wir ein
Kind mit Fitness -7. Eine Partnerschaft von a^3 und a^6 führt dagegen mit Wahrscheinlichkeit 1/8 zum optimalen Ergebnis mit Fitness 10. Aber auch die Beziehung
von a^3 und a^4 kann erfolgreich sein. Wir führen ja anschließend noch eine Mutation
durch. Jedes Bit wird mit Wahrscheinlichkeit 1/10 ($1/n$ ist der übliche Wert bei
Stringlänge n) unabhängig von den anderen negiert. Aus dem String mit Fitness -9
wird dann mit Wahrscheinlichkeit $(9/10)^9(1/10) \approx 0,039$ der optimale String. Andererseits bleibt ein „optimales Kind" nur mit Wahrscheinlichkeit $(9/10)^{10} \approx 0,349$
von einer Mutation verschont.

Diese Beschreibung von Entwurfsmethoden enthält natürlich nur die groben Strategien. In tatsächlichen Anwendungen müssen die Strategien näher spezifiziert und
auf die jeweiligen Probleme zugeschnitten werden. Approximationsalgorithmen sind

nur erfolgreich, wenn sie problemspezifisch sind, während die heuristischen Such-strategien viel robuster sind, d.h. auch ohne Kenntnis der Problemstruktur oft ein recht gutes Verhalten zeigen.

4.7 Algorithmen für Parallelverarbeitung

Ein weiterer erheblicher Rechenzeitgewinn ist bei *Parallelverarbeitung* möglich. Hard-ware arbeitet ihrer Natur nach parallel. In Mehrprozessorsystemen arbeiten viele, eng gekoppelte Prozessoren gleichzeitig. Sie können Informationen relativ schnell austauschen, während Kommunikation in lose gekoppelten Rechnernetzen zeitauf-wendig ist. Aspekte von Parallelverarbeitung werden an vier verschiedenen Beispie-len diskutiert.

Als erstes betrachten wir wieder das Sortierproblem. MERGE SORT (siehe Ab-schnitt 4.5) hat das größte Potential zur Parallelisierung. Das Sortieren der bei-den Hälften kann zeitgleich erfolgen. Wie aber parallelisieren wir das Mischen der beiden sortierten Hälften? Das Reißverschlußverfahren ist dafür ungeeignet. BAT-CHER SORT löst dieses Problem. Seien $(a_1, \ldots, a_{n/2})$ und $(b_1, \ldots, b_{n/2})$ die bei-den sortierten Hälften. BATCHER MERGE ist selber rekursiv. Zeitgleich werden sowohl die Teilfolgen der Elemente mit ungeradem Index (also $a_1, a_3, a_5, \ldots$ und $b_1, b_3, b_5, \ldots$) und die Teilfolgen der Elemente mit geradem Index zu $(u_1, \ldots, u_{n/2})$ und $(v_1, \ldots, v_{n/2})$ gemischt. Nun haben wir wieder zwei sortierte Hälften, aber mit erheblich mehr Ordnungsstruktur. Betrachten wir ein Element a_i mit ungeradem Index. In der a-Folge kennen wir die Position bzgl. der anderen a-Elemente. In der u-Folge ist es mit allen b-Elementen mit ungeradem Index verglichen worden, also ist z.B. $b_{2j-1} \leq a_i \leq b_{2j+1}$. Damit kommen für a_i nur noch die Positionen $2j + i - 1$ und $2j + i$ in Frage, es ist nur unklar, ob a_i größer oder kleiner als b_{2j} ist. Somit ist es nicht mehr so überraschend, daß wir auf folgende Weise die sortierte Folge $z_1, \ldots, z_n$ erhalten: $z_1 = u_1$, $z_{2i} = \min\{u_{i+1}, v_i\}$, $z_{2i+1} = \max\{u_{i+1}, v_i\}$, $z_n = v_n$. Diese letzten Vergleiche können zeitgleich in einem Schritt durchgeführt werden. Da die Rekursionstiefe $\log_2 n$ ist, benötigt BATCHER MERGE Parallelzeit $O(\log n)$ und insgesamt $O(n \log n)$ Vergleiche. Auch die äußere Rekursion hat Tiefe $\log_2 n$, und jedes Element ist stets nur in einem Teilproblem enthalten. Daher ist die ge-samte Parallelzeit $O(\log^2 n)$ bei insgesamt $O(n \log^2 n)$ Vergleichen. Zur Realisierung genügen n Prozessoren. Bei sequentiellen Algorithmen ist polynomielle Rechenzeit gut, während bei parallelen Algorithmen mit polynomiell vielen (hier sogar linear vielen) Prozessoren Rechenzeiten erreicht werden können, die polynomiell in $\log n$ (polylogarithmisch) sind.

Auch das Verfahren BATCHER MERGE soll an einem Beispiel für $n = 20$ verdeut-licht werden. Die beiden sortierten Hälften seien

a:	3,	7,	23,	24,	30,	32,	36,	64,	71,	88	und
b:	25,	28,	34,	40,	41,	53,	60,	62,	91,	93.	

Aus den Elementen mit ungeradem Index (also aus 3, 23, 30, 36, 71 und 25, 34, 41, 60, 91) wird die u-Folge und aus den Elementen mit geradem Index die v-Folge gebildet:

u:	3	23	25	30	34	36	41	60	71	91	
v:		7	24	28	32	40	53	62	64	88	93.

Es wird deutlich, daß jedes Element größer als jedes weiter links und kleiner als jedes weiter rechts stehende Element ist. In einem untereinander stehenden Paar ist manchmal das obere und manchmal das untere Element kleiner.

Aus der Klasse der Graphprobleme greifen wir für gerichtete Graphen das Problem der Berechnung der transitiven Hülle heraus. Bei gegebener Adjazenzmatrix A soll die Matrix $T = (t_{ij})$ berechnet werden, wobei $t_{ij} = 1$ ist, wenn es einen Weg von i nach j gibt, und $t_{ij} = 0$ sonst. Wenn es einen Weg von i nach j gibt, dann gibt es auch einen Weg, in dem jeder Knoten höchstens einmal vorkommt, dessen Länge also durch $n - 1$ beschränkt ist. Die Matrix A enthält, wenn wir $a_{ii} = 1$ setzen, alle Verbindungen der Länge 0 und 1. Wir berechnen nun das Boolesche Matrizenprodukt $A^2 = (a_{ij}^2)$ mit $a_{ij}^2 = \text{or}_{1 \leq k \leq n}(a_{ik} \text{ and } a_{kj})$. Es ist $a_{ij}^2 = 1$ genau dann, wenn es einen Weg von i nach j gibt, dessen Länge durch 2 beschränkt ist. Genau dann gibt es nämlich einen Knoten k mit $a_{ik} = a_{kj} = 1$. Für $m = 2^{\lceil \log_2 n \rceil} \geq n$ berechnen wir durch $\lceil \log_2 n \rceil$-maliges Quadrieren A^m. Da $a_{ij}^m = 1$ genau dann ist, wenn es einen Weg von i nach j gibt, dessen Länge durch m beschränkt ist, gilt $A^m = T$. Wenn wir n^3 Prozessoren haben, können wir bei der Matrizenmultiplikation für jedes Matrixelement n Prozessoren einsetzen. Die and-Operationen können zeitgleich durchgeführt werden, und die or-Operation kann dann in Parallelzeit $\lceil \log_2 n \rceil$ erfolgen. Eine Matrizenmultiplikation kommt also mit Parallelzeit $O(\log n)$ aus. Da wir $\lceil \log_2 n \rceil$-mal quadrieren, ist die gesamte Parallelzeit durch $O(\log^2 n)$ beschränkt. Da dies nur mit sehr vielen Prozessoren realisierbar ist, spricht man vom *Transitive Closure Bottleneck*, also vom Engpaß, den die transitive Hülle erforderlich macht.

Gegenüber der Lokalen Suche und dem Simulated Annealing bieten Genetische Algorithmen direkt ein großes Potential zur Parallelverarbeitung. Die Erzeugung der Kinder einer Population kann ebenso unabhängig erfolgen wie die Behandlung verschiedener Populationen. Die Aufgaben können also von verschiedenen Prozessoren bewältigt werden.

Abschließend diskutieren wir ein komplexes Problem, die *Schachprogrammierung*. Bekanntlich probieren Schachprogramme viele Zugfolgen aus, um den vermeintlich besten Zug auszuwählen. Dabei wird das Ende einer Zugfolge heuristisch bewertet. Zugfolgen, die nicht das Potential einer besseren Bewertung als die bisher beste Zugfolge haben, müssen gar nicht betrachtet werden. Bei Parallelverarbeitung stehen sich verschiedene Ziele im Weg. Alle Prozessoren sollten gut ausgelastet sein, dazu fordern sie Teilprobleme von der Zentrale an. Es kommt zu einem Tradeoff zwischen Kommunikationskosten und Auslastung. Bei guter Auslastung bearbeiten

Prozessoren Teilprobleme, die bei sequentieller Bearbeitung erst später betrachtet würden. Dann könnten bereits Informationen vorliegen, die die Bearbeitung des Teilproblems überflüssig machen. Parallele Algorithmen unterliegen also der Gefahr des Suchoverheads, d.h. der Bearbeitung überflüssiger Probleme. Dies führt zu einem Tradeoff zwischen Suchoverhead und Auslastung. Schließlich besteht auch ein Tradeoff zwischen Kommunikationskosten und Suchoverhead. Die einzelnen Prozessoren erzeugen Informationen, die den Suchoverhead verringern können, aber dann müßten diese Informationen ständig an alle Prozessoren weitergegeben werden. Feldmann, Monien und Mysliwietz (1996) beschreiben, wie ein paralleler Algorithmus mit dem beschriebenen Tradeoff-Dreieck fertig werden kann.

4.8   Schwierige Probleme

Trotz all unserer Datenstrukturen und Entwurfsmethoden für effiziente Algorithmen können wir viele Probleme nicht effizient lösen, zumindest bezogen auf die worst case Rechenzeit. Dies kann an unserer Unfähigkeit liegen oder daran, daß diese Probleme nicht effizient zu lösen sind. Natürlich liegt uns daran zu zeigen, daß wir nicht unfähig sind. Während wir Methoden haben, um nachzuweisen, daß gewisse Probleme algorithmisch unlösbar sind, können wir für algorithmisch in exponentieller Zeit lösbare Probleme nicht zeigen, daß sie nicht auch in polynomieller Zeit lösbar sind. Es erscheint ja auch schwer zu sein zu zeigen, daß *alle* Algorithmen, die ein Problem lösen, ineffizient sind. Was wissen wir schon über die Menge aller Algorithmen, die ein Problem lösen?

In dieser Situation helfen Aussagen vom Typ „If horses can whistle, then pigs can fly" weiter. Wir leiten aus einer unwahrscheinlichen Annahme (Pferde können pfeifen) eine noch unwahrscheinlichere Konsequenz (Schweine können fliegen) ab. Dies beweist, daß die Annahme mindestens so unwahrscheinlich wie die Konsequenz ist. Solche relativen Aussagen sind in anderen Wissenschaften, z.B. der Physik, üblich.

Wie sollen derartige Aussagen in der Informatik konkret aussehen? Von inzwischen mehreren tausend Problemen, darunter das Traveling Salesman Problem (TSP) und das Bin Packing Problem, kann gezeigt werden, daß sie entweder alle in polynomieller Zeit lösbar sind oder keines von ihnen. Der erste Fall bedeutet, daß NP = P ist (zu dieser Notation mehr in Kürze), und die Fachwelt glaubt nicht an diese Gleichung. Einerseits konnte trotz intensivster Bemühungen für keines der Probleme ein polynomieller Algorithmus gefunden werden, und andererseits können aus der Annahme NP = P recht abstruse Folgerungen abgeleitet werden. Dazu ein Zitat von Strassen, wobei er die NP $\neq$ P-Vermutung als Cook's and Valiant's hypothesis bezeichnet: „The evidence in favor of Cook's and Valiant's hypothesis is so overwhelming, and the consequences of their failure are so grotesque, that their status may perhaps be compared to that of physical laws rather than that of ordinary mathematical conjectures." Wir können die Schwierigkeit vieler Probleme unter der NP $\neq$ P-Vermutung nachweisen.

Mit P bezeichnen wir die Klasse der in polynomieller worst case Rechenzeit lösbaren Probleme. Aus technischen Gründen beschränken wir uns auf *Entscheidungsprobleme*, das sind Probleme, bei denen „Ja" und „Nein" die einzigen möglichen Antworten sind. Optimierungsprobleme haben auch Entscheidungsvarianten. Beim TSP ist es die Aufgabe, für eine vorgegebene Kostenschranke B zu entscheiden, ob es eine Rundreise mit durch B beschränkten Kosten gibt. Es läßt sich in vielen Fällen, so beim TSP, zeigen, daß sich die Entscheidungsvariante genau dann in polynomieller Zeit lösen läßt, wenn dies für die Optimierungsvariante gilt.

Die Klasse NP (NP = nichtdeterministisch polynomiell) hat keine algorithmische, wohl aber strukturelle Bedeutung. Für Entscheidungsprobleme soll L die Eingaben beinhalten, die mit „Ja" zu beantworten sind. Die Klasse NP enthält alle Entscheidungsprobleme, die mit Hilfe eines Existenzquantors effizient zu berechnen sind. Genauer, es gibt ein Entscheidungsproblem $L' \in$ P, so daß sich L in der folgenden Form charakterisieren läßt: L enthält alle Eingaben x, für die ein y, dessen Länge polynomiell in der Länge vom x beschränkt ist, *existiert*, so daß $(x, y) \in L'$ ist. Diese abstrakte Beschreibungsweise kann am Beispiel der Entscheidungvariante des TSP veranschaulicht werden. Als L' wählen wir Paare aus Eingaben des TSP und Rundreisen, so daß die Kosten der Rundreise das in der Eingabe des TSP gegebene Kostenlimit B nicht überschreiten. Ob die Kosten einer Rundreise durch B beschränkt sind, läßt sich natürlich in polynomieller Zeit überprüfen. Eine Eingabe x für die Entscheidungsvariante des TSP ist genau dann mit „Ja" zu beantworten, wenn eine Rundreise y existiert, so daß $(x, y) \in L'$ ist. Es ist leicht einzusehen, daß sich die Entscheidungsvarianten wichtiger Optimierungsprobleme so beschreiben lassen und daher in NP enthalten sind.

Entscheidungsprobleme lassen sich in ihrer Schwierigkeit folgendermaßen vergleichen. Ein Problem L ist auf ein Problem L^* *polynomiell reduzierbar*, wenn es eine in polynomieller Zeit berechenbare Abbildung f gibt, die Eingaben für L in Eingaben für L^* so überführt, daß „$x \in L \iff f(x) \in L^*$" gilt. Es läßt sich nun leicht folgern: aus $L^* \in$ P folgt $L \in$ P. Wir können nämlich in polynomieller Zeit f anwenden und dann in polynomieller Zeit entscheiden, ob $f(x) \in L^*$ ist. Dies ist aber äquivalent zu $x \in L$. Noch wichtiger ist die negierte Form dieser Aussage: Aus $L \notin$ P folgt $L^* \notin$ P.

Ein Entscheidungproblem L heißt *NP-vollständig*, wenn es zu NP gehört und sich alle Probleme in NP polynomiell auf L reduzieren lassen. Für die am Anfang genannten Tausenden von Entscheidungsproblemen ist bekannt, daß sie NP-vollständig sind. Existiert für irgendein NP-vollständiges Problem ein polynomieller Algorithmus, dann mit Hilfe der polynomiellen Reduktionen auch für alle anderen, und es gilt NP = P mit allen grotesken Folgen.

Unter der Annahme NP $\neq$ P gibt es für alle NP-vollständigen Probleme keine polynomiellen Algorithmen. So ist heutzutage die NP-Vollständigkeit eines Problems das stärkste Indiz, daß es nicht im worst case in polynomieller Zeit lösbar ist.

Eigentlich sind wir jedoch an Optimierungsproblemen oder an Approximationsproblemen interessiert. Derartige Probleme heißen NP-äquivalent, wenn sie genau dann in polynomieller Zeit lösbar sind, wenn NP = P ist, also sehr wahrscheinlich nicht polynomiell lösbar sind. Die meisten Optimierungsprobleme, deren Entscheidungsvarianten NP-vollständig sind, sind NP-äquivalent. Erst in den letzten Jahren wurden Methoden entwickelt, die dies auch für viele Approximationsprobleme zeigen.

Wenn also NP ≠ P ist, müssen wir damit leben, daß wir viele wichtige Probleme nicht in polynomieller worst case Rechenzeit und somit nicht auf effiziente Weise lösen können. In diesen Fällen bilden heuristische Algorithmen einen praktisch oft befriedigenden Ausweg.

4.9　Literaturhinweise

Zahlreiche Lehrbücher befassen sich mit Datenstrukturen und Effizienten Algorithmen. Klassisch sind das Lehrbuch von Aho, Hopcroft und Ullmann (1974) und das Standardwerk von Knuth (1997). Weiterhin zu empfehlen sind Güting (1992), Ottmann und Widmayer (1996), Schöning (1997b), Sedgewick (1992) und Wood (1993). Speziell mit der Algorithmischen Geometrie befassen sich Edelsbrunner (1987), Klein (1997) und Preparata und Shamos (1985). Eine Einführung in einfache parallele Algorithmen liefert Wegener (1996a), während Motwani und Raghavan (1995) sich randomisierten Algorithmen widmen. Als Einführung in Evolutionäre Verfahren bieten sich Fogel (1995) und Schwefel (1995) an. Wer sich weiter mit schwierigen Problemen befassen will, sei auf Reischuk (1990), Schöning (1997a) und Wegener (1993) sowie (1996b) verwiesen. Das von van Leeuwen (1990) herausgegebene Handbuch umfaßt die ganze Theoretische Informatik. Schließlich bemühen sich Schöning (1995) und Wegener (1996c) um gut verständliche Einführungen in zentrale Probleme der Theoretischen Informatik.

Kapitel 5

Softwareentwicklung

5.1 Grundlagen der Softwareentwicklung

5.1.1 Programmieren im Großen

Computer werden eingesetzt, um Menschen zu helfen, bestimmte Probleme effizienter als sie selbst oder überhaupt erst lösen zu können. Damit der Computer diese Aufgabe erfüllen kann, müssen ihm Anleitungen zum Lösen der Probleme gegeben werden. Solche Arbeitsanleitungen werden als Programme, komplexe Programme auch als Softwaresysteme bezeichnet. Die Menge aller Programme auf einem Computer zusammen mit begleitenden Dokumenten, die für ihre Anwendung notwendig oder hilfreich sind, wird unter dem Begriff *Software* zusammengefaßt. Dabei wird unterschieden zwischen System- und Anwendungssoftware. Zur *Systemsoftware* zählen die Programme, die für den korrekten Betrieb eines Computers erforderlich sind (Betriebssystem), sowie Programme, die allgemeine Dienstleistungen erbringen wie Editoren oder Kommunikationssoftware (siehe auch Abschnitte 3.6 und 6.2). *Anwendungssoftware* dient zur Lösung spezieller Anwendungsprobleme, etwa aus der Betriebswirtschaft oder der Medizin, und greift dabei in der Regel zur Erfüllung der eigenen Aufgaben auf die Systemsoftware zurück.

Probleme, die mit Hilfe von Software gelöst werden sollen, können unterschiedliche Komplexität aufweisen. Sie reichen vom einfachen Addieren von Zahlen oder dem Sortieren von Datenmengen über die Realisierung von Computerspielen oder der Datenverwaltung von Firmen hin zur komplexen Aufgabe der Steuerung von Raketen. Programme zur Lösung einfacher Probleme können meist binnen weniger Minuten bzw. Stunden von einzelnen geschrieben werden. Hingegen kann das Entwickeln von Programmen zur Lösung komplexer Probleme mehrere Monate oder sogar Jahre dauern und den Einsatz eines ganzen Teams von Experten unterschiedlicher Fachgebiete erforderlich machen.

Der Komplexität der Probleme entsprechend werden unterschiedliche Verfahren zur Entwicklung der Programme eingesetzt. Das Erstellen von Programmen geringerer Komplexität wird auch als *Programmieren im Kleinen* bezeichnet. Zentrale Aufgabe hierbei ist der Entwurf eines Lösungsalgorithmus (siehe Kapitel 3 und 4). Das Problem wird sukzessive in Teilprobleme zerlegt, und die dazu jeweils gefundenen Teillösungen werden schließlich zur Gesamtlösung zusammengesetzt. Bausteine des Programmierens im Kleinen sind Prozeduren, vgl. Abschnitt 3.3. Man spricht daher auch von *prozeduraler Zerlegung*.

Auch beim *Programmieren im Großen*, d.h. der Entwicklung von Programmen zu
Problemen sehr hoher Komplexität, wird das Prinzip der Zerlegung des Gesamtproblems in überschaubare Teile angewendet. Während die Zerlegung beim Programmieren im Kleinen jedoch eher an den einzelnen Funktionalitäten des Programms
ausgerichtet ist, orientiert sich die Zerlegung beim Programmieren im Großen an
den Elementen (Daten, Objekte) des Problembereichs. Die Datenstrukturen sowie
Prozeduren zum Zugriff und zur Manipulation der Daten werden in Komponenten (Module, Klassen) zusammengefaßt. Diese werden strukturiert zusammengesetzt
und bilden die sogenannte Architektur des Softwaresystems. Während bisher das
Programmieren im Kleinen behandelt wurde, steht in diesem Kapitel das Programmieren im Großen im Vordergrund.

5.1.2   Anforderungen an Software

Genauso wie ein Architekturbüro gewisse Anforderungen wie Stabilität oder Wärmedämmung an von ihm entworfene Gebäude stellt, muß auch die Softwareentwicklung
bestimmte Ziele im Auge behalten. Allerdings ist Software im Gegensatz zu einem
Gebäude ein immaterielles Produkt, bei dem die im folgenden aufgeführten Qualitätsfaktoren nicht immer einheitlich bewertbar sind. Zudem ist zu berücksichtigen,
daß unterschiedliche Personen, die mit dem Produkt in Berührung kommen, nicht
unbedingt dieselben Anforderungen stellen: Auftraggeber erwarten z.B. ein produktivitätssteigerndes, aber kostengünstiges Produkt, Benutzer und Benutzerinnen ein
einfach zu bedienendes, aber ausreichend funktionsfähiges Programm, und Administrationsfachleute sind an einem niedrigen Wartungsaufwand interessiert.

Die wesentlichen Qualitätskriterien an Software lassen sich wie folgt definieren:

- Korrektheit: Fehlerfreie Lösung des vorgegebenen Problems.

- Effizienz: Möglichst schnelle und ressourcensparende Bearbeitung der Aufgaben.

- Robustheit: Funktionsfähigkeit auch in außergewöhnlichen Situationen wie bei
  fehlerhaften Eingaben während der Benutzung.

- Benutzungsfreundlichkeit: Komfortable benutzungsgerechte Bedienbarkeit.

- Wartbarkeit: Einfache Fehlerbehebung, Anpaßbarkeit an andere Umgebungen
  sowie Verbesserung und Erweiterbarkeit um zusätzliche Funktionalitäten.

Weitere Qualitätskriterien sind etwa Überprüfungen und Bewertungen des Programms gegenüber den gestellten Anforderungen oder eine gute Verständlichkeit
des Programms für jedermann. Kriterien, die in den letzten Jahren immer stärker
in den Vordergrund getreten sind, um insbesondere die Produktivität des Softwareentwicklungsprozesses zu steigern, sind die unter Wartbarkeit bereits angesprochene

Erweiterbarkeit sowie die Wiederverwendbarkeit von Teilen der Software in anderen Anwendungen und die Kompatibilität, d.h. die Möglichkeit, das Produkt relativ problemlos mit anderen Produkten zu verbinden.

5.1.3 Charakteristiken der Softwareentwicklung

Statistiken beweisen, daß lediglich 70 bis 80 Prozent aller Softwareprojekte erfolgreich abgeschlossen werden. Die Gründe hierfür sind in den Charakteristiken und Problemen des Softwareentwicklungsprozesses zu finden.

Ein wesentliches Problem tritt bereits während der Planung eines Softwareentwicklungsprojektes auf. Es ist kaum möglich, die exakte Dauer und die entstehenden Kosten eines Projektes abzuschätzen, vor allem weil sowohl Qualität (siehe Abschnitt 5.1.2) als auch Quantität von Software, die in der Regel in Anzahl der Programmzeilen gemessen wird, kaum bewertbar bzw. voraussagbar sind. Zwar existieren diverse Modelle zur Aufwandsabschätzung, aber es gibt etliche Faktoren, die während der Projektlaufzeit die Planungen durcheinander bringen können. Große Softwareprojekte dauern im Durchschnitt zwei bis drei Jahre. Die Weiterentwicklung zugrundeliegender Informationstechnologien, d.h. vor allem der für die Softwareerstellung nutzbaren Hard- und Software, ist aber so rasant, daß Änderungen zwangsläufig sind und im Entwicklungsprozeß jeweils direkt berücksichtigt werden sollten oder sogar müssen. Es kommt hinzu, daß sich häufiger als in anderen Bereichen während der Projektlaufzeit Anforderungen an das Produkt ändern und die Fluktuation von Softwarefachkräften überdurchschnittlich groß ist; die Nachfrage nach ihnen überstieg in den letzten Jahren deutlich das Angebot.

Ein besonderes Merkmal der Softwareentwicklung ist die Vielzahl und Heterogenität des erforderlichen Personals. Daraus resultiert ein hoher Kommunikations- und Koordinationsaufwand, worunter die Produktivität leidet. Ein Softwareentwicklungsteam muß neben der eigentlichen Programmierung z.B. die Bereiche Systemanalyse (im wesentlichen die genaue Analyse der Anforderungen an die Software), Softwaredesign (für den Entwurf der Softwarearchitektur), Qualitätssicherung (siehe Abschnitt 5.2.5) und Softwareergonomie (zur Sicherstellung einer benutzungsadäquaten Bedienbarkeit des Programms) abdecken. Darüber hinaus werden Fachleute benötigt, die für die inhaltlichen Anforderungen verantwortlich sind. Häufig sind bereits in der Entwicklungsphase spätere Benutzer und Benutzerinnen des Produktes involviert, um deren künftige Akzeptanz zu gewährleisten. Schließlich müssen Projektmanagement, -leitung und -administration insbesondere Meilensteine und Kostenentwicklung überwachen sowie die Zufriedenstellung der Auftraggeber sichern und gesetzliche Rahmenbedingungen beachten.

Um ein Softwareprojekt erfolgreich abschließen zu können, ist eine sorgfältige Vorgehensweise notwendig. Häufig wird jedoch viel zu früh mit der Implementierung, also der eigentlichen Programmierung begonnen, ohne die genauen Anforderungen an das zu erstellende Produkt vollständig definiert zu haben. Aus Zeitgründen wird vielfach auf eine ordentliche Dokumentation verzichtet. Tests werden vernachlässigt, obwohl Untersuchungen ergeben haben, daß während der Entwicklungsphase in 1.000 Zeilen Programmcode durchschnittlich 50 Fehler enthalten sind.

Solche Nachlässigkeiten schlagen sich spätestens in der Wartungsphase negativ nieder, deren Kosten dadurch überproportional ansteigen. Die Wartungsphase läuft nach der Übergabe parallel zum Praxiseinsatz des Produktes ab und setzt sich aus den Aktivitäten Fehlerkorrekturen, Portierung (Übertragung auf andere Rechner bzw. Betriebssysteme), Verbesserungen und Erweiterungen zusammen. Die in der Wartungsphase anfallenden Kosten sind heute vielfach höher als die gesamten Entwicklungskosten.

5.2   Softwareengineering

Softwareengineering ist nach Balzert (2000) „ein Fachgebiet der Informatik, das sich mit der zielorientierten Bereitstellung und systematischen Verwendung von Prinzipien, Methoden, Konzepten, Notationen und Werkzeugen für die arbeitsteilige, ingenieurmäßige Entwicklung und Anwendung von umfangreichen Softwareprodukten befaßt". Hauptziel des Softwareengineering ist eine Steigerung der Produktivität des Softwareentwicklungsprozesses und die Sicherstellung der Qualität der Produkte. Die Faktoren Kosten und Zeit bei der Entwicklung (und Wartung) qualitativ hochwertiger Software sollen minimiert werden.

5.2.1   Vorgehensmodelle

Ein *Vorgehensmodell* beschreibt den Lebenszyklus eines Softwareprodukts in Form von Aktivitäten. Durch ein Vorgehensmodell wird festgelegt, in welcher Reihenfolge welche Aktivitäten durchgeführt werden können und welche zeitlichen Überschneidungen zulässig sind. Ein Vorgehensmodell liefert außerdem Informationen über die für eine Aktivität relevanten Objekte und die einzusetzenden Entwicklungsmethoden und -werkzeuge.

Das etablierteste Vorgehensmodell ist das *Phasenmodell*, wegen seiner sequentiellen Struktur ohne Rücksprünge auch *Wasserfallmodell* genannt (siehe Abb. 5.1 (a)). Das Phasenmodell besteht aus den vier eigentlichen Entwicklungsphasen Analyse, Entwurf, Implementation und Test sowie der nachgestellten Phase Einsatz und Wartung. Die Phasen sollen dabei sequentiell durchlaufen werden, d.h. eine Phase muß komplett beendet sein, bevor die nächste beginnt.

In der Analysephase wird ermittelt, was das zu erstellende Produkt leisten soll. Die Analyse mündet in die Erstellung des sogenannten Pflichtenheftes, in dem die genauen Anforderungen wie Funktionsumfang, Schnittstellen, Performance (Laufzeit, Speicherbedarf) und Umfang der Dokumentation festgehalten werden und das damit die Vertragsbasis zwischen Auftraggebern und Auftragnehmern bildet. Auf der Grundlage des Pflichtenheftes wird in der Entwurfsphase die Architektur des

Softwareproduktes festgelegt. Dazu werden eine schrittweise Zerlegung in einzelne Komponenten durchgeführt sowie die genauen Aufgaben der einzelnen Komponenten und ihre Schnittstellen zueinander definiert. Die programmtechnische Umsetzung der Komponenten in eine konkrete Programmiersprache gemäß der Methoden des Programmierens im Kleinen ist Aufgabe der Implementierungsphase. Die Testphase besteht aus mehreren Teilphasen. Nach dem Einzeltest der Komponenten folgt der Integrationstest, bei dem die Komponenten sukzessive zum kompletten Programm zusammengesetzt werden. Systemtest und Abnahmetest stellen sicher, daß das Produkt die im Pflichtenheft aufgeführten Anforderungen erfüllt. Während der Systemtest durch das Entwicklungsteam vorgenommen wird, erfolgt der Abnahmetest durch die Auftraggeber. Die Einsatz- und Wartungsphase beginnt mit der Installation des Produktes und umfaßt Tätigkeiten wie Fehlerkorrektur, Portierung, Verbesserung und Erweiterung der Software.

Der gravierendste Nachteil, der sich beim praktischen Einsatz des Phasenmodells offenbart hat, ist die sequentielle Abarbeitung der einzelnen Phasen. Insbesondere die in Abschnitt 5.1.3 angesprochenen Anforderungsänderungen während der Entwicklungsphase erfordern eine Aufweichung der strengen Sequentialität. Im *iterierten Phasenmodell* (siehe Abb. 5.1 (b)) sind daher Rücksprünge in frühere Phasen möglich.

Auftraggeber sind häufig nicht in der Lage, zu Beginn eines Softwareprojektes die gewünschten Anforderungen an das Softwareprodukt präzise bzw. vollständig zu definieren, was aber die Phasenmodelle verlangen. Dieses Problem kann z.B. mit dem Prototypenmodell und mit dem evolutionären Modell gelöst werden. Beim *Prototypenmodell* wird frühzeitig ein bewußt unvollständiges und vereinfachtes Produkt, ein sogenannter *Prototyp*, erstellt, mit dem seitens der Auftraggeber experimentiert werden kann, um unklare Anforderungen zu beseitigen (siehe Abb. 5.1 (c)). Beim *evolutionären Modell* werden zunächst nur die Kernanforderungen an das Produkt realisiert und diese dann iterativ und aufbauend auf den schon realisierten Teilen erweitert. Auftraggeber sammeln jeweils Erfahrungen mit der aktuellen Version des Produktes und definieren zusätzliche Anforderungen (siehe Abb. 5.1 (d)).

Weitere Vorgehensmodelle sind das Modell der transformationellen Softwareentwicklung, das Spiralmodell und das V-Modell. Bei der *transformationellen Softwareentwicklung* wird in einem iterativen Prozeß aus einer formalen Produktdefinition automatisch ein Programm generiert (siehe Abb. 5.1 (e)). Beim *Spiralmodell*, dessen Ziel die Risikominimierung ist, handelt es sich um ein sogenanntes Metamodell, das eine Kombination der anderen Modelle erlaubt. Der Entwicklungsprozeß wird in einer Spirale durchlaufen. Jede Windung besteht dabei aus den vier Schritten der Definition der Ziele, Alternativen und Rahmenbedingungen an das in der Windung zu erstellende Teilprodukt, der Evaluierung der Alternativen, der Realisierung und Überprüfung der gewählten Alternative sowie der Bewertung des aktuellen Projektstandes und der Planung der nächsten Spiralwindung (siehe Abb. 5.1 (f)). Beim *V-Modell* wird nicht nur die Softwareerstellung im engeren Sinne betrachtet, sondern

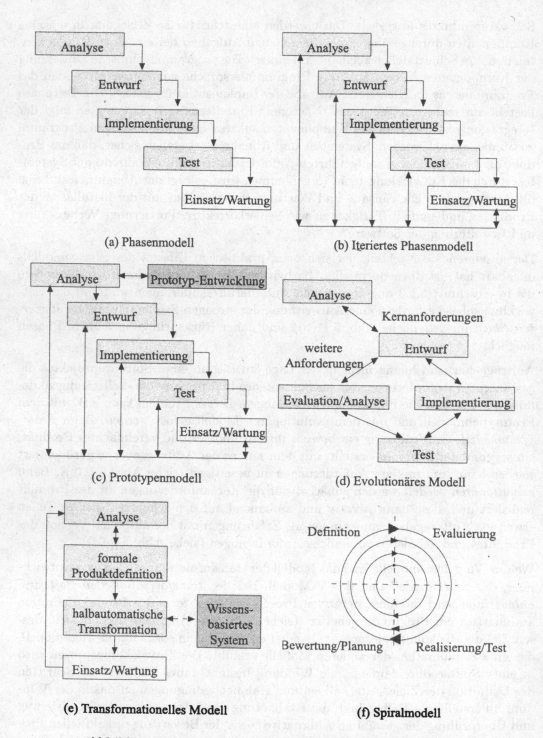

Abbildung 5.1: Vorgehensmodelle des Softwareengineering

auch die begleitenden Aktivitäten wie Qualitäts-, Konfigurations- und Projektmanagement (siehe auch Abb. 5.2 in Abschnitt 5.2.5).

5.2.2 Entwicklungsmethoden

Eine *Softwareentwicklungsmethode* enthält Vorschriften zur Durchführung der einzelnen Aktivitäten des Softwareentwicklungsprozesses und Notationen zur Repräsentation entsprechender Ergebnisse.

Analyse

Die im industriellen Umfeld am weitesten verbreitete Analysemethode ist die *Strukturierte Analyse* (SA) nach DeMarco. Ziel dieser Methode ist die Ermittlung und Darstellung eines funktions- und datenflußorientierten Modells des Problembereichs. Ausgehend von der Beschreibung der Schnittstellen zur Umwelt werden identifizierte Teilprozesse immer weiter verfeinert. Dabei entsteht eine Hierarchie von Datenflußdiagrammen. Ein Datenflußdiagramm ist dabei eine graphische Notation, mittels der der Weg von Daten zwischen Funktionen zur Transformation von Daten, zum Speichern zur (Zwischen-)Ablage von Daten und Schnittstellen zur Umwelt beschrieben werden kann. Der Zusammenhang zwischen den einzelnen Datenflußdiagrammen der Hierarchie wird mit Regeln einer modifizierten BNF (siehe Abschnitt 2.5) in einem sogenannten *Data Dictionary* festgehalten. Den Blättern der Hierarchie werden Mini-Spezifikationen zugeordnet. Diese beschreiben die Transformation von Eingabedaten durch das Datenflußdiagramm und werden im allgemeinen in einer Pseudo-Programmiersprache codiert. Für die SA existiert ein Regelwerk, das eine normierte Vorgehensweise bei der Entwicklung der Diagramme vorschlägt.

Eine bekannte Erweiterung der SA ist die *Moderne Strukturierte Analyse* (MSA) nach Yourdon. Sie ergänzt die Datenflußmodellierung um eine Ereignismodellierung mit Zustandsübergangsdiagrammen (Repräsentation der möglichen Zustände, in die ein Programm gelangen kann, sowie der durch bestimmte Ereignisse implizierten Zustandsänderungen) und eine Datenmodellierung mit Entity-Relationship-Diagrammen (siehe Abschnitt 6.3.2).

Entwurf

Eine Methode, die den Entwurf eines Softwaresystems unterstützt, ist die Methode des *Strukturierten Entwurfs* (Structured Design, SD). Ziel dieser Methode ist die Erstellung einer Softwarearchitektur in Form einer Hierarchie von funktionalen Modulen. Ein funktionales Modul kapselt dabei die Implementierung einer oder mehrerer Funktionen, siehe auch Abschnitt 3.2. Nach außen ist lediglich die Schnittstelle sichtbar, die u.a. eine Aufgabenbeschreibung, Ein- und Ausgabe-Parameter sowie Voraussetzungen für den Zugriff beinhaltet. Für die Darstellung der Modulhierarchie werden Strukturdiagramme verwendet, die die Aufrufstruktur und den Datenfluß zwischen den Modulen widerspiegeln.

Neben funktionalen Abstraktionen werden beim *Modularen Entwurf/Design* (MD) auch Datenabstraktionen betrachtet. Von besonderer Bedeutung ist hierbei der Begriff des *Abstrakten Datentyps* (ADT). Ein ADT faßt Datenstrukturen und Operationen auf diesen Datenstrukturen zu einer Einheit zusammen. Einfache Beispiele sind Listen und Keller, siehe Abschnitte 3.2.2 oder 4.1. Das Konzept des ADT erlaubt die Spezifikation der relevanten Eigenschaften von Datenstrukturen, ohne daß Realisierungsaspekte sichtbar werden. Sowohl beim SD als auch beim MD existieren Richtlinien, die dazu dienen, eine qualitativ hochwertige Modularisierung des zu entwickelnden Systems zu finden.

Die Entwurfsphase folgt der Analysephase. Von daher wäre es sinnvoll, in der Entwurfsphase direkt mit den Ergebnissen der Analysephase weiterzuarbeiten. Das ist beim SA und SD bzw. MD jedoch nicht der Fall. Es existieren zwar Ansätze, um SA-Modelle in SD- bzw. MD-Modelle umzusetzen; diese sind aber nur eingeschränkt anwendbar. In Abschnitt 5.4 werden objektorientierte Softwareentwicklungsmethoden vorgestellt, bei denen derartige Strukturbrüche zwischen der Analyse- und Entwurfsphase nicht auftreten.

5.2.3   Projektmanagement

Aufgaben des Projektmanagements sind die Planung, Organisation, Personalauswahl, Leitung und Kontrolle eines Projektes. Da sich Software bzw. der Entwicklungsprozeß von Software gegenüber anderen Produkten unterscheidet (siehe Abschnitt 5.1), ist das Ziel dieses Teilbereichs des Softwareengineering die Entwicklung und Bereitstellung geeigneter Methoden und Werkzeuge für die Verwaltung und Durchführung von Softwareprojekten.

Gegenstand der Projektplanung ist die Erstellung eines Projektplans, aus dem hervorgeht, welche (Teil-)Aufgaben wie, durch wen und bis wann zu erledigen sind. Dabei müssen vor allem kalkulierte Kosten und Termine (Meilensteine) berücksichtigt werden. Aufgrund der nur schwer meßbaren Qualität von Software ist die Projektplanung ein ausgesprochen schwieriger Prozeß, der viel Erfahrung verlangt.

Bei der Projektorganisation werden zwei Teilaufgaben unterschieden: die Ablauforganisation und die Aufbauorganisation. Die Ablauforganisation bestimmt den genauen Arbeitsablauf gemäß des gewählten Vorgehensmodells. Die Aufbauorganisation dient der Koordinierung des Entwicklungsteams, indem sie z.B. Gruppenstruktur, Zuständigkeiten und Verantwortlichkeiten festlegt.

Die Heterogenität eines Softwareentwicklungsteams und die hohe Fluktuation der Fachkräfte implizieren besondere Anforderungen an die Personalauswahl. Die Personen müssen neben speziellen inhaltlichen Qualifikationen insbesondere die Fähigkeit zur Teamarbeit besitzen. Sie müssen weiterhin durch geeignete Maßnahmen wie angemessenes Gehalt, gute Zukunftsperspektiven und ein attraktives Arbeitsumfeld motiviert werden.

An die Leitung eines Softwareentwicklungsteams werden wegen der Heterogenität des Teams hohe Anforderungen gestellt. Neben der Personalführung und dem Delegieren von Aufgaben gehören die Fähigkeiten zur Unterstützung der Kommunikation und zur Vermeidung bzw. Behebung von Konflikten zu den erforderlichen Qualifikationen. Die rasante Weiterentwicklung der Informationstechnologien verlangt darüber hinaus ein innovationsfreudiges und dennoch risikobewußtes Projektmanagement.

Aufgabe der Kontrolle eines Softwareentwicklungsprojektes ist die ständige Überprüfung der Übereinstimmung des aktuellen Projektstatus mit dem Projektplan. Treten wesentliche Abweichungen vor allem bezüglich der veranschlagten Kosten oder Meilensteine auf, müssen geeignete Maßnahmen ergriffen werden.

5.2.4 Entwicklungsumgebungen

Professionelle Softwareentwicklung ist heutzutage ohne den Einsatz unterstützender Softwarewerkzeuge nicht mehr denkbar. Sogenannte *Softwareenwicklungsumgebungen* oder *CASE-Umgebungen* (**C**omputer **A**ided **S**oftware **E**ngineering) zielen auf die Steigerung der Produktivität und die Erleichterung des Managements während des Entwicklungsprozesses sowie die Verbesserung der Qualität des entstehenden Softwareproduktes. CASE-Umgebungen bestehen aus einem Rahmensystem (Framework), das allgemeine Dienstleistungen wie eine konsistente Datenverwaltung, eine einheitliche, intuitive Bedienoberfläche und Funktionen zur Kooperation der Projektmitglieder bietet, sowie einer Reihe ergänzender Werkzeuge, die in das Rahmensystem integriert sind.

CASE-Umgebungen unterstützen im allgemeinen ein oder auch mehrere Vorgehensmodelle und Entwicklungsmethoden. Die eingesetzten Werkzeuge helfen dabei dem Entwicklungsteam sowohl bei der Bearbeitung phasenspezifischer als auch phasenübergreifender Aktivitäten. Sie übernehmen z.B. Routinearbeiten und überwachen die Konsistenz, Redundanzfreiheit und Vollständigkeit der erstellten (Teil-)Produkte. Typische Beispiele für CASE-Werkzeuge sind Graphikeditoren zur effizienten Erstellung bzw. Manipulation konkreter Diagramme eines bestimmten Diagrammtyps.

5.2.5 Qualitätsmanagement

Ziel des Softwarequalitätsmanagements ist die jederzeitige Gewährleistung festgelegter Qualitätsanforderungen sowohl an das zu entwickelnde Softwareprodukt als auch an den Softwareentwicklungsprozeß selbst. Um dieses Ziel zu erreichen, werden Qualitätssicherungsmaßnahmen entwicklungsbegleitend eingesetzt (siehe Abb. 5.2). Es werden dabei konstruktive und analytische Maßnahmen unterschieden. Konstruktive Qualitätssicherungsmaßnahmen streben durch den Einsatz qualitätssichernder Methoden, Richtlinien und Werkzeuge an, daß das Produkt per se die Qualitätsanforderungen erfüllt. Durch analytische Maßnahmen wird hingegen die Qualität von fertiggestellten (Teil-)Produkten im nachhinein gemessen, was gegebenenfalls Korrekturmaßnahmen erforderlich macht.

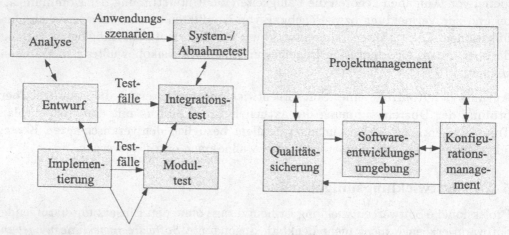

Abbildung 5.2: Qualitätssicherung (V-Modell)

Beim Qualitätsmanagement werden drei Aktivitäten unterschieden: Ziel der Qualitätsplanung ist eine überprüfbare Festlegung der Qualitätsanforderungen in einem Qualitätssicherungsplan. Die Qualitätslenkung und -sicherung steuert und überwacht die korrekte Umsetzung des Plans. Die Qualitätsüberprüfung erfaßt Ist-Werte und überprüft diese mit den im Plan spezifizierten Soll-Werten.

Das Qualitätsmanagement basiert dabei insbesondere auf folgenden Prinzipien:

- Entwicklungsintegrierte Qualitätssicherung: Qualitätssicherung sollte in den Entwicklungsprozeß integriert werden und nicht erst am Ende in der Test-Phase stattfinden, denn je später eine Produktschwäche oder ein Fehler entdeckt wird, desto höher sind die zur Behebung entstehenden Kosten.

- Maximal konstruktive Qualitätssicherung: Der konsequente Einsatz konstruktiver Qualitätssicherungsmaßnahmen vermeidet weitgehend den Einsatz analytischer Maßnahmen und Fehlerbehebungsaktivitäten.

- Unabhängige Qualitätssicherung: Wer ein (Teil-)Produkt entwickelt hat, darf es in der Regel nicht selbst testen oder bewerten.

Die Erfahrung hat gezeigt, daß die Qualität eines Produktes wesentlich durch die Qualität des Entwicklungsprozesses beeinflußt wird. Um die Prozeßqualität zu verbessern, wird daher z.B. im ISO 9000-Standard der Softwareentwicklungsprozeß durch Modelle, Methoden und Richtlinien normiert. Insbesondere werden allgemeingültige Anforderungen an die Aufbau- und Ablauforganisation eines Entwicklungsunternehmens gestellt. Die Erfüllung der ISO 9000-Anforderungen kann sich ein Unternehmen durch ein sogenanntes ISO 9000-Zertifikat bescheinigen lassen.

5.2.6 Konfigurationsmanagement

Im Laufe des Softwareentwicklungsprozesses entstehen eine Menge von Software-elementen (Teilprodukte und Dokumente) wie Programmcode, Pflichtenheft, Entwurfsdokumentation, Benutzungshandbuch und Testszenarien. Diese Softwareelemente unterliegen dabei stetigen Änderungen. Um unterschiedliche Versionen eines Softwareelementes zu verschiedenen Zeitpunkten unterscheiden zu können, werden die Elemente mit Versionsnummern gekennzeichnet. Zwischen den Elementen bzw. einzelnen Versionen von verschiedenen Elementen existieren diverse Beziehungen. Eine Menge solcher miteinander verflochtener Elemente in einer speziellen, insgesamt aufeinander abgestimmten Version bildet eine sogenannte *Softwarekonfiguration*.

Ziel des Softwarekonfigurationsmanagements ist eine effiziente Verwaltung von Softwarekonfigurationen durch geeignete Methoden und Werkzeuge. Der gesamte Entwicklungsprozeß muß aufgezeichnet werden, um auch später noch Änderungen nachvollziehen, überprüfen und evtl. rückgängig machen zu können, ohne in einen inkonsistenten Zustand zu geraten.

Eine zentrale Aufgabe des Softwarekonfigurationsmanagements ist die Versionsverwaltung, die durch spezielle Versionsmanagementsysteme unterstützt wird. Diese verwenden im allgemeinen das sogenannte *Checkin/Checkout-Modell*. Bei diesem Modell werden die verschiedenen Versionen der Softwareelemente in einem Archiv gesammelt. Durch eine Checkout-Operation kann jemand eine Kopie eines Elementes aus dem Archiv holen, Änderungen hieran vornehmen und das geänderte Element wieder in das Archiv zurückspielen. Dabei werden automatisch weitere Informationen wie Verursacher oder Zeitpunkt der Änderung vermerkt. Zur Vermeidung von Änderungskonflikten ist bei vielen Systemen ein ausgechecktes Element bis zur Checkin-Operation exklusiv für eine Person reserviert. Moderne Systeme erlauben mehrfache Checkouts desselben Elementes und stellen geeignete Mechanismen für eine eventuell erforderliche spätere Konfliktbehebung bereit.

5.3 Objektorientierte Programmierung

Die objektorientierte Programmierung wurde in Programmiersprachen wie SIMULA67 vorbereitet, in Dissertationen ab 1969 vorgedacht und ab den 80er Jahren in Programmierumgebungen umgesetzt. Sie hat in den 90er Jahren eine zunehmende Attraktivität erlangt, denn diese Art der Programmierung unterstützt insbesondere eine einfache Erweiterbarkeit von Programmen und die Wiederverwendung von Programmteilen bei der Entwicklung anderer Softwaresysteme, was die Produktivität der Softwareentwicklung steigert. Durch spezielle Konzepte, die in diesem Abschnitt vorgestellt werden, lassen sich mit objektorientierten Programmiersprachen viele Probleme auf natürlichere Art und Weise lösen, als dies mit traditionellen Programmiersprachen der Fall ist. Diese Konzepte bilden auch die Grundlage der objektorientierten Softwareentwicklung, auf die im Abschnitt 5.4 detailliert eingegangen wird.

5.3.1   Beispiel

Als durchgehendes Beispiel wird in diesem Abschnitt das bekannte TicTacToe-Spiel verwendet (siehe Abb. 5.3). Beim TicTacToe-Spiel versuchen zwei Personen das Spiel zu gewinnen, indem sie abwechselnd Kreuz-Figuren (Spieler A) und Kreis-Figuren (Spieler B) auf einem 3x3-Brett so plazieren, daß ihre Figuren in einer Horizontalen, Vertikalen oder Diagonalen eine 3er-Reihe bilden. Anfangs ist das Brett leer. Das Spiel endet mit einem Unentschieden, wenn alle Felder des Brettes besetzt sind und niemand eine 3er-Reihe bilden konnte.

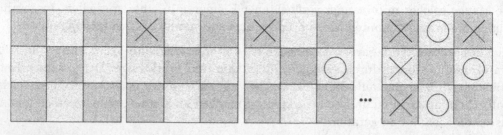

leeres Spielbrett   Zug von Spieler A   Zug von Spieler B   Sieger: Spieler A

Abbildung 5.3: TicTacToe-Spiel

Es soll ein Programm entwickelt werden, mit dem zwei Spieler (Menschen oder Programme) gegeneinander TicTacToe spielen können. Um die Grundbegriffe der Objektorientierung einzuführen, werden dabei im folgenden zunächst eine Lösung des Problems in der Programmiersprache Java angegeben und im Anschluß daran die wesentlichen Aspekte des Programms erläutert. Im nächsten Abschnitt 5.4 wird der Weg skizziert, wie das Programm entstanden ist.

TicTacToe-Programm

```
001 //-----------------------------------------------
002 // Klasse TicTacToe-Spiel (TTTSpiel) / Hauptprogramm
003 //-----------------------------------------------
004 public class TTTSpiel {
005
006 // Attribute
007   protected TTTSpieler spieler_a, spieler_b;
008   protected TTTBrett brett;
009   protected TTTRegeln regeln;
010
011 // Methoden
012
013   // Konstruktor (Initialisierung eines Spiels)
014   public TTTSpiel(TTTSpieler a, TTTSpieler b,
015                   TTTBrett brett, TTTRegeln regeln) {
016     this.spieler_a = a; this.spieler_b = b;
017     this.brett = brett; this.regeln = regeln;
018   }
019
020   // Durchfuehrung eines Spiels
021   public void spielen() {
022     // Spieler A beginnt
023     TTTSpieler akt_spieler = this.spieler_a;
024     TTTSpielzug zug = null;
025     this.brett.gebeSpielbrettAus();
026
027
028     // abwechselndes Ziehen bis Spielende erreicht ist
029     do {
030       if (akt_spieler == this.spieler_a)
031         System.out.println("Spieler A ist am Zug!");
032       else
033         System.out.println("Spieler B ist am Zug!");
034
035       // legalen Spielzug ermitteln und ausfuehren
036       zug = akt_spieler.liefereNaechstenSpielzug(zug);
037       while (!this.regeln.spielzugOK(zug))
038       {
039         System.out.println("Ungueltig; neue Eingabe!");
040         zug=akt_spieler.liefereNaechstenSpielzug(zug);
041       }
042       this.brett.fuehreSpielzugAus(akt_spieler, zug);
043       this.brett.gebeSpielbrettAus();
044
045       // der andere Spieler ist nun ab Zug
046       if (akt_spieler == spieler_a)
047         akt_spieler = this.spieler_b;
048       else
049         akt_spieler = this.spieler_a;
050     } while (!this.regeln.spielEnde());
051
052     // Spiel ist zuende
053     this.regeln.gebeSiegerBekannt();
054   }
```

```
055    // Hauptprogramm;
056    // hier startet das TicTacToe-Programm
057    public static void main(String[] args) {
058      TTTSpieler a =
059        new TTTSpieler(TTTFigur.A_FIGUR);
060      TTTSpieler b =
061        new TTTProgramm(TTTFigur.B_FIGUR, a);
062      TTTBrett brett = new TTTBrett();
063      TTTRegeln regeln = new TTTRegeln(brett);
064
065      TTTSpiel tictactoe=new TTTSpiel(a,b,brett,regeln);
066      tictactoe.spielen();
067    }
068  }
069
070  //----------------------------------------
071  // Klasse TicTacToe-Brett (TTTBrett)
072  //----------------------------------------
073  public class TTTBrett {
074
075  // Attribute
076    protected TTTFigur[][] brett;
077
078  // Methoden
079    // Konstruktor (Initialisierung des TTT-Brettes)
080    public TTTBrett() {
081      // anfangs ist das Spielbrett (3x3-Matrix) leer
082      this.brett = new TTTFigur[3][3];
083      for (int i=0; i<3; i++)
084        for (int j=0; j<3; j++)
085          this.brett[i][j] = null;
086    }
087
088    // Ausfuehrung eines Spielzugs auf dem Brett
089    public void fuehreSpielzugAus(TTTSpieler spieler,
090                                 TTTSpielzug zug) {
091      // abhaengig vom aktuellen Spieler, wird eine
092      // A_Figur oder eine B_Figur an die Stelle
093      // gesetzt, die der Spielzug angibt
094      int z = zug.welcheZeile();
095      int s = zug.welcheSpalte();
096      if (spieler.istSpielerA())
097        this.brett[z][s] =
098          new TTTFigur(TTTFigur.A_FIGUR, z, s, this);
099      else
100        this.brett[z][s] =
101          new TTTFigur(TTTFigur.B_FIGUR, z, s, this);
102    }
103
104    // Ausgabe des aktuellen Spielbretts
105    public void gebeSpielbrettAus() {
106      System.out.print("  ");
107      for (int j=0; j<3; j++) {
108        System.out.print(j); System.out.print(" ");
109      }
110      System.out.println();
111
112      System.out.print("-");
113      for (int j=0; j<3; j++)
114        System.out.print("--");
115      System.out.println();
116
117      for (int i=0; i<3; i++) {
118        System.out.print(i);
119        System.out.print("|");
120        for (int j=0; j<3; j++) {
121          if (this.brett[i][j] == null)
122            System.out.print(" ");
123          else if (this.brett[i][j].istAFigur())
124            System.out.print("X");
125          else
126            System.out.print("O");
127          System.out.print("|");
128        }
129        System.out.println();
130
131        System.out.print("-");
132        for (int j=0; j<3; j++)
133          System.out.print("--");
134        System.out.println();
135  } }
136
137
138    // Lieferung der Figur an der Stelle z/s
139    public TTTFigur liefereFigur(int z, int s) {
140      return this.brett[z][s];
141    }
142  }
143
144  //----------------------------------------------------
145  // Klasse TicTacToe-Figur (TTTFigur)
146  //----------------------------------------------------
147  public class TTTFigur {
148
149  // Konstanten
150    public final static boolean A_FIGUR = true;
151    public final static boolean B_FIGUR = !A_FIGUR;
152
153  // Attribute
154    protected boolean a_oder_b;  // a == true
155    protected int zeile;         // 0 - 2
156    protected int spalte;        // 0 - 2
157    protected TTTBrett brett;
158
159  // Methoden
160    // Konstruktor (Initialisierung einer Figur)
161    public TTTFigur(boolean a_oder_b,
162                    int zeile, int spalte,
163                    TTTBrett brett) {
164      this.a_oder_b = a_oder_b; this.brett = brett;
165      this.zeile = zeile; this.spalte = spalte;
166    }
167
168    public boolean istAFigur() { return this.a_oder_b; }
169    public int welcheZeile() { return this.zeile; }
170    public int welcheSpalte() { return this.spalte; }
171
172  }
173
174  //----------------------------------------------------
175  // Klasse TicTacToe-Spielzug (TTTSpielzug)
176  //----------------------------------------------------
177  public class TTTSpielzug {
178
179  // Attribute
180    protected int zeile; // 0 - 2
181    protected int spalte; // 0 - 2
182
183  // Methoden
184    // Konstruktor (Initialisierung eines Spielzugs)
185    public TTTSpielzug(int z, int s) {
186      this.zeile = z; this.spalte = s;
187    }
188    public int welcheZeile() { return this.zeile; }
189    public int welcheSpalte() { return this.spalte; }
190  }
191
192  //----------------------------------------------------
193  // Klasse TicTacToe-Regeln (TTTRegeln)
194  //----------------------------------------------------
195  public class TTTRegeln {
196
197  // Attribute
198    protected TTTBrett brett;
199
200  // Methoden
201    // Konstruktor (Initialisierung der Regeln)
202    public TTTRegeln(TTTBrett brett) {
203      this.brett = brett;
204    }
205
206    // Ueberpruefung eines Spielzugs
207    public boolean spielzugOK(TTTSpielzug zug) {
208      // ein Spielzug ist ok, wenn die Positionangaben
209      // im gueltigen Bereich liegen und noch keine
210      // Figur auf dem angegeben Feld existiert
211      return
212        (zug.welcheZeile() >= 0) &&
213        (zug.welcheZeile() <= 2) &&
214        (zug.welcheSpalte() >= 0) &&
215        (zug.welcheSpalte() <= 2) &&
216        (this.brett.liefereFigur(zug.welcheZeile(),
217          zug.welcheSpalte()) == null);
218    }
219
220    // Ueberpruefung des Spielendes
```

```
221   public boolean spielEnde() {
222     // ein Spiel st beendet, wenn alle Felder
223     // besetzt sind oder wenn ein Sieger feststeht
224     int besetzte_felder = 0;
225     for (int i=0; i<3; i++)
226       for (int j=0; j<3; j++)
227         if (this.brett.liefereFigur(i, j) != null)
228           besetzte_felder++;
229     return (besetzte_felder == 9) ||
230             (this.ermittleSieger() != ' ');
231   }
232
233   // Ausgabe des Siegers
234   public void gebeSiegerBekannt() {
235     char sieger = this.ermittleSieger();
236     if (sieger == 'A')
237       System.out.println("Sieger ist Spieler A!");
238     else if (sieger == 'B')
239       System.out.println("Sieger ist Spieler B!");
240     else
241       System.out.println("Unentschieden!");
242   }
243
244   // Ermittlung des Siegers
245   private char ermittleSieger() {
246     // es existieren acht Alternativen, die getestet
247     // werden muessen
248     char sieger = ' ';
249     if ((sieger=this.testeReihe(0,0,0,1,0,2))!=' ')
250       return sieger;
251     if ((sieger=this.testeReihe(1,0,1,1,1,2))!=' ')
252       return sieger;
253     if ((sieger=this.testeReihe(2,0,2,1,2,2))!=' ')
254       return sieger;
255     if ((sieger=this.testeReihe(0,0,1,0,2,0))!=' ')
256       return sieger;
257     if ((sieger=this.testeReihe(0,1,1,1,2,1))!=' ')
258       return sieger;
259     if ((sieger=this.testeReihe(0,2,1,2,2,2))!=' ')
260       return sieger;
261     if ((sieger=this.testeReihe(0,0,1,1,2,2))!=' ')
262       return sieger;
263     if ((sieger=this.testeReihe(0,2,1,1,2,0))!=' ')
264       return sieger;
265     return ' '; // noch kein Sieger
266   }
267
268   // Ueberpruefung einer Reihe
269   private char testeReihe(int z1, int s1,
270                           int z2, int s2,
271                           int z3, int s3) {
272     if ((this.brett.liefereFigur(z1,s1) != null) &&
273         (this.brett.liefereFigur(z2,s2) != null) &&
274         (this.brett.liefereFigur(z3,s3) != null) &&
275         (this.brett.liefereFigur(z1,s1).istAFigur() ==
276           this.brett.liefereFigur(z2,s2).istAFigur())
277         &&
278         (this.brett.liefereFigur(z1,s1).istAFigur() ==
279           this.brett.liefereFigur(z3,s3).istAFigur())
280       ) {
281       if (this.brett.liefereFigur(z1,s1).istAFigur())
282         return 'A'; // Spieler A ist Sieger
283       else
284         return 'B'; // Spieler B ist Sieger
285     }
286     return ' '; // noch kein Sieger
287   }
288 }
289
290
291 //------------------------------------------------------
292 // Klasse TicTacToe-Spieler (TTTSpieler)
293 //------------------------------------------------------
294
295 import java.io.*;
296
297 public class TTTSpieler {
298
299 // Attribute
300   protected boolean ist_spieler_a;
301
302 // Methoden
303   // Konstruktor (Initialisierung eines Spielers)
304   public TTTSpieler(boolean a_oder_b) {
305     this.ist_spieler_a = a_oder_b;
306   }
307
308   // Ueberpruefung, ob es Spieler A ist
309   public boolean istSpielerA() {
310     return this.ist_spieler_a;
311   }
312
313   // erfragt und liefert naechsten Spielzug des
314   // Spielers; uebergeben wird der letzte Zug des
315   // Gegners
316   public TTTSpielzug
317   liefereNaechstenSpielzug (TTTSpielzug gegner_zug) {
318     return this.erfrageNaechstenSpielzugBeimSpieler();
319   }
320
321   // erfragt naechsten Spielzug beim Spieler
322   protected
323   TTTSpielzug erfrageNaechstenSpielzugBeimSpieler() {
324     System.out.println("Zeile eingeben (0-2): ");
325     int zeile = this.readInt();
326     System.out.println("Spalte eingeben (0-2): ");
327     int spalte = this.readInt();
328     return new TTTSpielzug(zeile, spalte);
329   }
330
331   // Zahl einlesen
332   private static int readInt() {
333     DataInputStream input =
334       new DataInputStream(System.in);
335     try {
336       String eingabe = input.readLine();
337       Integer i = new Integer(eingabe);
338       return i.intValue();
339     } catch (Exception e) { return -1; }
340   }
341 }
342
343 //------------------------------------------------------
344 // Klasse TicTacToe-Programm (TTTProgramm)
345 //------------------------------------------------------
346 public class TTTProgramm extends TTTSpieler {
347
348 // Attribute
349   protected TTTBrett brett;
350   protected TTTRegeln regeln;
351   protected TTTSpieler gegner;
352
353 // Methoden
354   public TTTProgramm(boolean a_oder_b,
355                      TTTSpieler gegner) {
356     super(a_oder_b);
357     this.gegner = gegner;
358     // auf einem eigenen Brett werden die Zuege
359     // nachgehalten
360     this.brett = new TTTBrett();
361     this.regeln = new TTTRegeln(this.brett);
362   }
363
364   // Mitteilung, wer der Gegner ist
365   public void setzeGegner(TTTSpieler gegner) {
366     this.gegner = gegner;
367   }
368
369   // erfragt und liefert naechsten Spielzug des
370   // Spielers
371   public TTTSpielzug
372   liefereNaechstenSpielzug(TTTSpielzug gegner_zug) {
373     // zunaechst wird der gegnerische Zug auf dem
374     // eigenen Spielbrett nachgehalten
375     if (gegner_zug != null)
376       this.brett.
377         fuehreSpielzugAus(this.gegner, gegner_zug);
378     // dann wird der eigene Zug berechnet, ebenfalls
379     // nach gehalten und zurueckgeliefert
380     TTTSpielzug eigener_zug =
381       this.ermittleNaechstenSpielzug();
382     this.brett.fuehreSpielzugAus(this, eigener_zug);
383     return eigener_zug;
384   }
385
386   protected
```

```
387   TTTSpielzug ermittleNaechstenSpielzug() {          394          return zug;
388   // eine sehr einfache Strategie:                   395       }
389   // das Programm waehlt das naechste freie Feld aus 396    }
390   for (int i=0; i<3; i++) {                          397    return null;
391      for (int j=0; j<3; j++) {                       398    }
392        TTTSpielzug zug = new TTTSpielzug(i, j);       399 }
393        if (regeln.spielzugOK(zug))
```

5.3.2 Objekte

Objekte beschreiben konkrete und abstrakte Dinge des Anwendungsbereichs. Beim TicTacToe-Spiel sind das z.B. das Spiel selbst, die zwei Spieler, das Spielbrett, die Spielfiguren, aber auch die Spielregeln und die Spielzüge.

5.3.3 Klassen

Eine *Klasse* stellt einen Bauplan für gleichartige Objekte dar. In diesem Bauplan werden die Eigenschaften, die Struktur und das Verhalten der Objekte beschrieben. Eine Klasse besteht dabei im wesentlichen aus Attributen und Methoden. Um mit Objekten arbeiten zu können, werden diese aus den Klassen erzeugt, man sagt auch *instantiiert* und nennt die Objekte *Instanzen* der Klasse.

Beim TicTacToe-Spiel werden die Klassen TTTSpiel (Zeile 002), TTTBrett (Zeile 071), TTTFigur (Zeile 145), TTTSpielzug (Zeile 175), TTTRegeln (Zeile 193) TTTSpieler (Zeile 292) und TTTProgramm (Zeile 344) definiert. Objekte werden mittels des new-Operators z.B. im Hauptprogramm (Zeilen 055 - 068) erzeugt (a als Objekt der Klasse TTTSpieler, b als Objekt der Klasse TTTProgramm, brett als Objekt der Klasse TTTBrett und regeln als Objekt der Klasse TTTRegeln).

5.3.4 Attribute

Durch *Attribute* – auch *Instanzvariablen* genannt – werden die Eigenschaften und die Struktur der Objekte repräsentiert. Alle Objekte einer Klasse besitzen dieselben Attribute. Die Werte der Attribute können jedoch verschieden sein.

So besitzen alle Objekte der Klasse TTTSpielzug die Attribute zeile und spalte vom Typ int (Zeilen 180 und 181). Die Werte der Attribute bei verschiedenen Objekten der Klasse hängen jedoch vom jeweiligen Spielzug ab.

Die Werte aller Attribute repräsentieren den aktuellen Zustand des Objektes. Attribute müssen nicht unbedingt Variablen von einem Standarddatentyp wie boolean oder int sein, sondern können auch selbst wieder Objekte enthalten (Objektvariablen), wie z.B. das Attribut brett der Klasse TTTRegeln (Zeile 198).

5.3.5 Methoden

Methoden realisieren die Operationen, die auf Objekten einer Klasse ausgeführt werden können, d.h. über die Methoden einer Klasse wird das Verhalten der Objekte definiert. Wie bei Prozeduren und Funktionen in imperativen Programmiersprachen wie Pascal oder C können auch Methoden über Parameter verfügen und Rückgabewerte liefern.

Beim TicTacToe-Spiel werden in der Klasse `TTTBrett` z.B. die Methoden `fuehreSpielzugAus` (Zeile 089) und `gebeSpielbrettAus` (Zeile 105) definiert.

5.3.6 Kommunikation

Ein objektorientiertes Programm besteht aus agierenden und miteinander kommunizierenden Objekten. Der Aufruf einer Methode eines Objektes – man spricht auch vom „Schicken einer Nachricht" an das Objekt, vgl. *message passing* in Abschnitt 3.4.2 – bewirkt die Ausführung der in der Methodendefinition angegebenen Anweisungen, die dabei auf die Attribute des Objektes zugreifen und unter Umständen auch den Zustand des Objektes ändern können.

Im TicTacToe-Spiel wird z.B. in der Methode `spielen` der Klasse `TTTSpiel` nach der Ermittlung eines legalen Spielzuges auf dem Objekt `brett` der Klasse `TTTBrett` die Methode `fuehreSpielzugAus` mit dem aktuellen Spieler und dem Spielzug als Parameter aufgerufen (Zeile 042). Dieser Methodenaufruf bewirkt die Ausführung der in der Methode spezifizierten Anweisungen, nämlich die Ermittlung der Zeile und Spalte des Spielzugs durch Aufruf entsprechender Methoden des `TTTSpielzug`-Objektes, und die Plazierung einer Kreuz- bzw. Kreisfigur (je nach Spieler) auf dem Spielbrett (Zeilen 094 - 101).

5.3.7 Vererbung

Die *Vererbung* ist ein Strukturierungsprinzip bei der Klassendefinition. Neue Klassen (Unterklassen) werden durch Erweiterung bzw. Modifikation bereits existierender Klassen (Oberklassen) gebildet. Man spricht auch vom *Ableiten* der Unter- aus der Oberklasse. Unterklassen erben dabei die Attribute und Methoden ihrer Oberklassen, können geerbte Methoden modifizieren und weitere Attribute und Methoden definieren. Durch fortgesetzte Vererbung entstehen sogenannte Klassenhierarchien.

Beim TicTacToe-Spiel wird die Klasse `TTTProgramm` als Unterklasse der Klasse `TTTSpieler` definiert (Zeile 346). Die Klasse erbt u.a. das Attribut `ist_spieler_a` und die Methoden `istSpielerA` und `liefereNaechstenSpielzug`. Letztere Methode wird modifiziert, weil das Programm den eigenen Spielzug aufgrund der aktuellen Spielsituation selbst berechnen muß und nicht mehr vom Menschen abfragen kann. Werden nun für ein Objekt der Klasse `TTTProgramm` die Methoden `istSpielerA` bzw. `liefereNaechstenSpielzug` aufgerufen, so wird im ersten Fall die geerbte und im zweiten Fall die modifizierte Methode ausgeführt.

Das Konzept der Vererbung ermöglicht die Wiederverwendbarkeit von existierenden und bewährten Softwarebausteinen, unter Umständen sogar in einem anderen Programm. Durch die Verwendung standardisierter und ausgetesteter Klassen als Basis neuer Klassen können neue Softwaresysteme produktiver entwickelt werden.

5.3.8 Polymorphismus und dynamisches Binden

Als *Polymorphismus* wird die Eigenschaft einer Objektvariablen vom Typ einer bestimmten Klasse bezeichnet, auch Objekte von Unterklassen der Klasse aufnehmen zu können. Unter *dynamischem Binden* versteht man die Zuordnung einer Methodenimplementierung zu einem Methodenaufruf erst während der Ausführung (zur Laufzeit) des Programms (nicht bereits während der Compilierung, wie sonst üblich, vgl. Abschnitt 6.1). Wird nun während der Programmausführung für eine polymorphe Objektvariable eine Methode aufgerufen, so wird die entsprechende Methode des konkreten Objektes aufgerufen, das in der Variable gespeichert ist.

Im Hauptprogramm (Methode main der Klasse TTTSpiel) wird die Variable a mit einem Objekt der Klasse TTTSpieler und die Variable b polymorph mit einem Objekt der Klasse TTTProgramm initialisiert (Zeilen 058 - 061). Die Objekte werden über den Konstruktor der Klasse TTTSpiel den Attributen spieler_a und spieler_b vom Klassentyp TTTSpieler zugewiesen (Zeilen 065 und 016). In der Methode spielen der Klasse TTT wird nun für die beiden Spieler jeweils abwechselnd die Methode liefereNaechstenSpielzug aufgerufen. Durch dynamisches Binden wird erreicht, daß, falls Spieler A an der Reihe ist, die Methode liefereNaechstenSpielzug der Klasse TTTSpieler und, falls Spieler B an der Reihe ist, die Methode liefereNaechstenSpielzug der Klasse TTTProgramm aufgerufen wird.

Das Konzept der Vererbung in Verbindung mit dem Konzept des Polymorphismus bildet die Basis für eine einfache Erweiterbarkeit von Softwaresystemen, ohne dabei die existierende Software ändern zu müssen.

5.3.9 Datenkapselung

Klassen sind Hilfsmittel zur Realisierung Abstrakter Datentypen, d.h. sie unterstützen die Zusammenfassung der Datenstruktur (Attribute) und aller zu ihr gehörenden Operationen (Methoden) zu einer Einheit. Die Daten werden dabei gekapselt, d.h. ein direkter Zugriff von anderen Objekten ist nicht erlaubt. Andere Objekte haben nur indirekt über den Aufruf entsprechend gekennzeichneter Methoden Zugriff auf die Daten. In Java und C++ kennzeichnet das Schlüsselwort public von außen zugreifbare Methoden[1]. Beim Schlüsselwort protected sind nur Unterklassen, beim Schlüsselwort private keine anderen Klassen zugriffsberechtigt. Die Menge aller public-Methoden einer Klasse wird auch *Protokoll* genannt, die Menge aller public- und protected-Methoden *Vererbungsprotokoll*.

Im TicTacToe-Programm ist z.B. die Methode liefereNaechstenSpielzug der Klasse TTTSpieler als public deklariert (Zeile 316), so daß sie in der Methode spielen der Klasse Spiel aufgerufen werden darf. Hingegen sind alle Attribute der Klassen des Programms als protected deklariert. Auf sie kann daher nur in der jeweiligen Klasse sowie in entsprechenden Unterklassen zugegriffen werden.

---

[1]Leider ist es auch erlaubt, Attribute als public zu deklarieren.

5.4   Objektorientierte Softwareentwicklung

In Abschnitt 5.2.2 wurden die traditionellen Methoden der Softwareentwicklung vorgestellt. Ihr wesentlicher Nachteil ist der Strukturbruch zwischen Analyse und Entwurf. *Objektorientierte Softwareentwicklungsmethoden* zeichnen sich hingegen durch einen durchgängigen Entwicklungsprozeß von der Analyse bis zur Wartung aus. Ziel objektorientierter Methoden ist es, die Struktur des Problembereichs möglichst genau auf die Implementierung abzubilden. Softwaresysteme werden nicht mehr dadurch entwickelt, daß Funktionskomplexe in Prozeduren und Module zerlegt werden, sondern indem der Systemkern durch Abstraktionen der Realität gebildet wird. Die bekanntesten objektorientierten Softwareentwicklungsmethoden sind die von Shlaer/Mellor, Coad/Yourdon, Booch, Rumbaugh (OMT) und Jacobson sowie der Rational Unified Process.

Objektorientierte Softwareentwicklungsmethoden gliedern sich in die Phasen Objektorientierte Analyse (OOA), Objektorientierter Entwurf/Design (OOD) und Objektorientierte Programmierung/Implementierung (OOP), zum Teil auch noch Objektorientierter Test (OOT). Die Grenzen zwischen den einzelnen Phasen sind jedoch fließend. Aktivitäten, die in einigen Methoden zur Analyse zählen, werden in anderen Methoden schon dem Entwurf zugeordnet.

Viele objektorientierte Softwareentwicklungsmethoden basieren auf dem evolutionären Vorgehensmodell, bei dem die Phasen Analyse, Entwurf, Implementierung und Test iterativ und durch Erweiterung des Vorhandenen durchlaufen werden. Nach jedem Durchlauf entsteht ein funktionsfähiges Zwischenprodukt, das im nächsten Durchlauf um zusätzliche Funktionalität erweitert wird (siehe Abschnitt 5.2.1). Aufgrund der Eigenschaft der einfachen Erweiterbarkeit objektorientierter Systeme ist das evolutionäre Vorgehensmodell für die objektorientierte Softwareentwicklung geradezu prädestiniert.

Generelles Ziel der Softwareentwicklung ist die Erstellung eines Softwaresystems zur Lösung eines gegebenen Problems. Softwareentwicklung kann dabei als ein Prozeß angesehen werden, bei dem die Elemente des Problem- bzw. Anwendungsbereichs in Elemente des Lösungsraumes abgebildet werden. Bei der objektorientierten Softwareentwicklung wird diese Abbildung dadurch realisiert, daß zunächst das Anwendungsgebiet analysiert und modelliert wird. Dazu werden die charakteristischen Elemente des Anwendungsgebietes sowie ihre Eigenschaften, Verhaltensweisen und Beziehungen untereinander identifiziert. Das so entstandene Modell des Anwendungsgebietes wird dann gemäß vorgegebener Regeln in ein Modell des Lösungsraums – letztendlich ein Programm – überführt. Objektorientierte Programmiersprachen enthalten hierzu spezielle Konzepte und Konstrukte, die diese Transformation erleichtern. Das Programm kann als Abstraktion des Anwendungsgebietes betrachtet werden, dessen Elemente weitgehend den Elementen des Anwendungsgebietes entsprechen.

5.4.1   UML

Mit dem Ziel, den sogenannten „Methodenkrieg" in der objektorientierten Softwareentwicklung zu beenden, haben sich die drei Protagonisten Booch, Rumbaugh und
Jacobson der bis dahin verbreitetsten Methoden Mitte der 90er Jahre zusammenge-
tan. Erstes Ergebnis ihrer gemeinsamen Aktivitäten war 1997 die Veröffentlichung
der *Unified Modeling Language* (UML), einer vereinheitlichten Modellierungsnotati-
on. UML kann in allen Methoden zum Festhalten von Entwürfen und als Kommuni-
kationsgrundlage zwischen den Entwickler(inne)n genutzt werden. UML bildet auch
die Grundlage einer vereinheitlichten Entwicklungsmethode.

Die UML stellt eine Vielzahl verschiedener Diagrammtypen zur Verfügung, die in den
verschiedenen Phasen des Softwareentwicklungsprozesses eingesetzt werden können.
Die Diagrammtypen dienen zur Spezifikation der Struktur und des Verhaltens des
zu entwickelnden Systems sowie zur Dokumentation von Implementierungsaspekten.

Strukturdiagramme

Klassendiagramme bilden den zentralen Bestandteil eines UML-Modells. Mit ihnen werden der Aufbau einzelner Klassen und Objekte (Attribute, Methoden) sowie
Beziehungen zwischen den Klassen bzw. Objekten dargestellt. Bei den Beziehungen werden sogenannte *Assoziationsbeziehungen*, bei denen die beteiligten Klassen
gleichwertig sind, *Aggregations-* bzw. *Kompositionsbeziehungen*, bei denen eine Klasse Bestandteil einer anderen Klasse („Ganzes-Klasse") ist, und *Vererbungsbeziehun-
gen* unterschieden.

In Abb. 5.4 wird das Klassendiagramm des TicTacToe-Programms aus Abschnitt
5.3 skizziert. Die Kästchen repräsentieren die Klassen mit ihren Attributen und
Methoden, die Linien zwischen den Klassen die Beziehungen. Aggregationsbezie-
hungen sind durch die Raute am Ende der „Ganzes-Klasse" gekennzeichnet (Klasse
`TTTBrett` besteht aus mehreren Instanzen der Klasse `TTTFigur`). Vererbungsbezie-
hungen enden mit einem Pfeil an der Oberklasse (Klasse `TTTProgramm` wird von
Klasse `TTTSpieler` abgeleitet).

Paketdiagramme dienen zur Strukturierung großer Systeme. Dabei werden mehrere
Klassen unter bestimmten Gruppierungsaspekten zu Paketen zusammengefaßt und
Abhängigkeiten zwischen den Paketen definiert.

Verhaltensdiagramme

Anwendungsfalldiagramme – eher unter dem Namen *Use-Case-Diagramme* bekannt
– stellen das externe Systemverhalten dar. Sie beschreiben, welche Akteure welche
Aktivitäten mit dem System durchführen können. Akteure können dabei sowohl
Menschen als auch andere Programme/Systeme sein.

Interaktionsdiagramme, von denen zwei Arten – nämlich die Sequenz- und die Kollaborationsdiagramme – existieren, illustrieren zeitliche Abläufe in einem System.

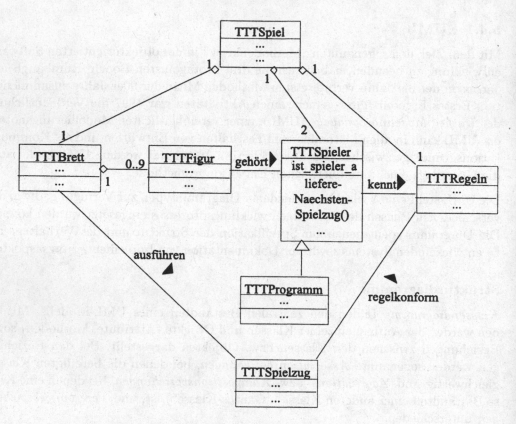

Abbildung 5.4: UML-Klassendiagramm des TicTacToe-Programms

Während bei den *Sequenzdiagrammen* der zeitliche Ablauf beim Aufruf von Methoden im Vordergrund steht, dienen *Kollaborationsdiagramme* primär dazu, die Zusammenarbeit der Objekte zu verdeutlichen.

In Abb. 5.5 werden ausschnittsweise ein Sequenzdiagramm und ein Kollaborationsdiagramm der Methode **spielen** der Klasse **TTTSpiel** des TicTacToe-Programms aus Abschnitt 5.3 angedeutet. In Sequenzdiagrammen werden Objekte durch vertikale, Methodenaufrufe durch horizontale Linien dargestellt. Die Zeit verläuft von oben nach unten. In Kollaborationsdiagrammen wird der zeitliche Verlauf der Kommunikation durch entsprechende Numerierung der Methodenaufrufe verdeutlicht. Der Aufruf weiterer Methoden innerhalb einer Methode wird durch Unternummern gekennzeichnet.

Zustandsdiagramme demonstrieren, welche Zustände ein Objekt während seiner Lebenszeit einnehmen kann und durch welche Ereignisse und unter welchen Bedingungen Zustandsänderungen ausgelöst werden.

Aktivitätsdiagramme beschreiben Abläufe von Aktivitäten in einem Anwendungsfall oder einer Klasse. Sie sind auch für die Modellierung von möglicherweise zeitgleich stattfindenden Arbeitsabläufen geeignet.

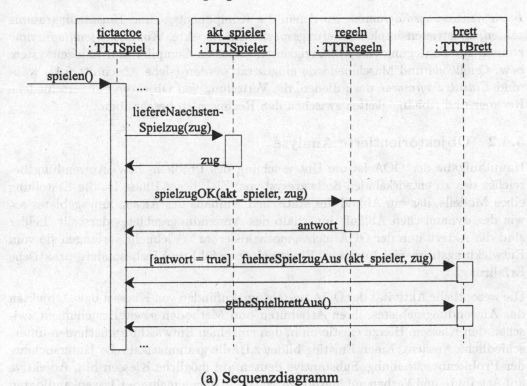

(a) Sequenzdiagramm

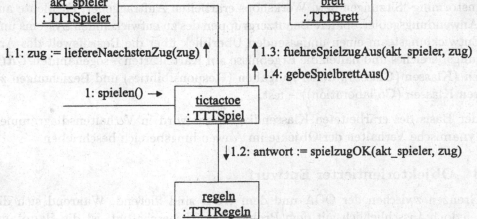

(b) Kollaborationsdiagramm

Abbildung 5.5: UML-Interaktionsdiagramme des TicTacToe-Programms

Implementierungsdiagramme

Implementierungsdiagramme, zu denen die Komponenten- und Einsatzdiagramme zählen, illustrieren implementierungsspezifische Aspekte. *Komponentendiagramme* können zur Festlegung von Abhängigkeiten zwischen Compiler und Laufzeitsystem bzw. Quellcode und Maschinencode eingesetzt werden (siehe Abschnitt 6.1), während *Einsatzdiagramme* dazu dienen, die Verteilung von Objekten auf verschiedene Rechner und Abhängigkeiten zwischen den Rechnern zu beschreiben.

5.4.2 Objektorientierte Analyse

Hauptaufgabe der OOA ist die Untersuchung des Problem- bzw. Anwendungsbereiches des zu entwickelnden Softwaresystems. Ziel dieser Phase ist die Erstellung eines Modells, das ein Abbild des statischen Aufbaus des Anwendungsgebietes sowie der dynamischen Abläufe innerhalb des Anwendungsgebietes darstellt. Leider sind die Aktivitäten der OOA nicht „mechanisierbar". Vielmehr verlangen sie vom Entwicklungsteam viel Intuition, Fingerspitzengefühl und insbesondere praktische Erfahrung.

Die wesentliche Aktivität der OOA besteht im Auffinden von Klassen bzw. Objekten des Anwendungsgebietes, ihren Attributen und Methoden sowie Beziehungen zwischen den Klassen. Hierzu existieren in den einzelnen Entwicklungsmethoden unterschiedliche Ansätze. Einen Einstieg bildet z.B. die grammatikalische Untersuchung der Problembeschreibung. Substantive deuten auf mögliche Klassen hin, Adjektive auf Attribute und Verben auf Methoden. Sätze, in denen mehrere Klassenkandidaten auftreten, charakterisieren häufig Beziehungen zwischen den Klassen.

Bei größeren Projekten wird häufig die *CRC-Methode* eingesetzt. In gemeinsamen (Brainstorming-)Sitzungen bzw. Workshops erarbeiten Auftraggeber, Fachleute aus dem Anwendungsgebiet, spätere Benutzergruppen des zu entwickelnden Systems und das Entwicklungsteam einen umfassenden Überblick über die Begriffswelt des Anwendungsbereiches und halten die Ergebnisse auf Karteikarten – sogenannten *CRC-Karten* (Klassen (**C**lasses), deren Aufgaben (**R**esponsibilities) und Beziehungen zu anderen Klassen (**C**ollaboration)) – fest.

Auf der Basis des erarbeiteten Klassendiagramms wird in Verhaltensdiagrammen das dynamische Verhalten der Objekte im Anwendungsbereich beschrieben.

5.4.3 Objektorientierter Entwurf

Die Grenzen zwischen der OOA und dem OOD sind fließend. Während sich die OOA jedoch ausschließlich mit dem Problembereich beschäftigt, ist die Hauptaufgabe beim OOD die Abbildung des OOA-Modells auf den Lösungsraum. Die OOD-Phase dient damit als konkrete Vorbereitung der Implementierung.

Das OOA-Modell wird in der OOD-Phase um weitere Klassen und die Klassen werden um zusätzliche Attribute und Methoden ergänzt, die im Problembereich nicht auftreten bzw. nicht relevant sind, bei der Implementierung aber unerläßlich sind, wie z.B. Klassen oder Methoden zur Speicherung oder Darstellung von Objekten. Des weiteren wird beim OOD die Softwarearchitektur festgelegt, indem Klassen zu Modulen (Paketen) zusammengefaßt werden. Weitere Aspekte, die es in der Entwurfsphase zu berücksichtigen bzw. festzulegen gilt, sind das dem System zugrundeliegende Betriebssystem, die Programmiersprache, die Art der Datenverwaltung (evtl. Anschluß von Datenbanken) und die Benutzungsoberfläche des Systems.

In der Entwurfsphase finden praktisch alle Diagrammtypen der UML Verwendung. Das Klassendiagramm und die Verhaltensdiagramme des OOA-Modells werden durch Erweiterungen bzw. Verfeinerungen von einem Modell des Anwendungsgebietes zu einem Modell des zu entwickelnden Systems (OOD-Modell) transformiert. Anwendungsfalldiagramme beschreiben typische Anwendungsszenarien späterer Benutzer mit dem System. Paket- und Implementierungsdiagramme bereiten die konkrete Umsetzung des Systemmodells in eine Implementierung vor.

Ein aktuelles Thema im Bereich des OOD sind die Entwicklung und Verwendung sogenannter Entwurfsmuster (Design Pattern). Entwurfsmuster beschreiben allgemeingültige Entwurfslösungen, die von erfahrenen Softwareentwickler(inne)n gefunden wurden und in unterschiedlichen Kontexten vor allem von anderen Entwicklungsgruppen wiederverwendet werden können. Sie helfen damit insbesondere Anfängern und Anfängerinnen beim Erlernen der objektorientierten Softwareentwicklung.

5.4.4 Objektorientierte Programmierung

In der OOP-Phase erfolgt die Umsetzung des OOD-Modells in eine konkrete Programmiersprache. Besonders geeignet sind hierfür natürlich objektorientierte Programmiersprachen. Die Nutzung anderer Programmiersprachen ist jedoch nicht generell auszuschließen. In der Regel müssen nicht alle Klassen des OOD-Modells (vollständig) implementiert werden. Für fast jede Sprache existieren sogenannte Klassenbibliotheken, die oft benötigte Klassen zur Verfügung stellen.

5.4.5 Objektorientierter Test und Wartung

Für den Test objektorientierter Software können traditionelle Testmethoden fast unverändert übernommen werden. Zunächst werden die einzelnen Klassen für sich und anschließend ihr Zusammenspiel getestet. Treten während des Betriebs des Systems Fehler auf oder soll das System später erweitert werden, kommen die Vorteile objektorientierter Software (Datenkapselung, Erweiterbarkeit, Wiederverwendbarkeit) voll zur Geltung. Außerdem leisten die UML-Diagramme als Dokumentation gute Dienste für eine bessere Verständlichkeit des Systems – gerade für Personen, die nicht selbst im Entwicklungsprozeß involviert waren.

5.5   Literaturhinweise

Für das Gebiet der Softwareentwicklung existieren zahlreiche Lehrbücher. Zum Softwareengineering besonders empfehlenswert sind die zwei umfangreichen Lehrbücher von Helmut Balzert (1998, 2000), das Lehrbuch von Pagel und Six (1994) sowie das Standardwerk von Sommerville (1996). Überblicke und Vergleiche zu objektorientierten Softwareentwicklungsmethoden enthalten die Bücher von Stein (1994) und Schäfer (1994). In Booch (1995), Rumbaugh (1993) und Kruchten (1999) werden die drei bekanntesten Methoden im Detail erläutert. Weitere empfehlenswerte Bücher für das Gebiet der objektorientierten Softwareentwicklung sind die Werke von Meyer (1990), Heide Balzert (1999) und Gamma (2001). Speziell mit der UML befassen sich Oestereich (1999) und Fowler (2000).

Kapitel 6

Kerngebiete der Praktischen Informatik

6.1 Compilerbau

Programmiersprachen sind Notationen zur Beschreibung von Datenstrukturen, Algorithmen und Prozessen. Eingesetzt werden im allgemeinen sogenannte höhere, problemorientierte Programmiersprachen wie Pascal oder Java. Ein Rechner, der lediglich binäre Codierung (Folge von Nullen und Einsen) „versteht", kann mit in solchen Sprachen geschriebenen Programmen zunächst nichts anfangen. Um ein Programm auf einem Rechner ausführen zu können, ist deshalb eine Transformation von Programmen höherer Sprachen in eine maschinenverständliche Form notwendig, z.B. Assembler, vgl. Abschnitt 3.5.2. Für derartige Transformationen werden *Übersetzer* oder *Compiler* verwendet. Allgemein definiert sind Compiler Programme, die Programme einer Quellsprache S auf (grammatikalische) Fehler untersuchen und in eine Zielsprache T transformieren, wobei Quell- und Zielprogramm semantisch äquivalent sein, d.h. die gleiche Funktion realisieren sollen.

Eine Übersetzung oder Compilierung verläuft in mehreren Phasen (siehe Abb. 6.1), die in der Regel jedoch nicht sequentiell, sondern ineinander verzahnt durchlaufen werden. Zur Kommunikation zwischen den Phasen dient dabei die *Symboltabelle*, eine globale Datenstruktur, in der weitergehende Informationen über im Quellprogramm enthaltene Bezeichner (Variablen, Funktionen, ...) gespeichert werden. Im folgenden werden die einzelnen Compilierungsphasen kurz erläutert und am Beispiel aus Abb. 6.1 illustriert.

6.1.1 Lexikalische Analyse

Der Teil des Compilers, der die lexikalische Analyse vornimmt, wird *Scanner* genannt. Seine Aufgabe besteht im wesentlichen darin, das Quellprogramm zeichenweise einzulesen und Grundsymbole (Schlüsselwörter, Bezeichner, Zahlen, Operatoren, ...) zu erkennen. Bezeichner werden in die Symboltabelle eingetragen und in den nachfolgenden Phasen durch einen Verweis auf den Tabelleneintrag repräsentiert. Der Scanner erzeugt also aus der Eingabe eine Folge von wohldefinierten Symbolen, das sind Paare der Form (Grundsymbolklasse, Attribut). Grundsymbolklassen werden auch *Token* genannt.

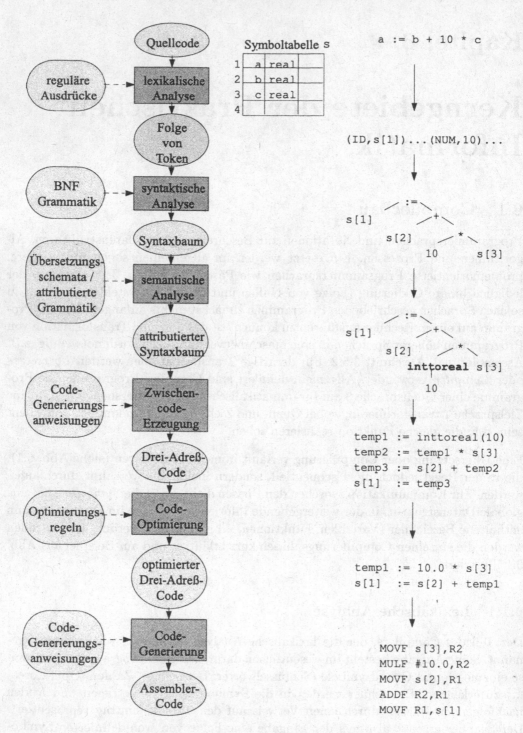

Abbildung 6.1: Compilierung eines Programms

6.1.2 Syntaktische Analyse

Die Aufgabe des *Parsers* – so wird der für die syntaktische Analyse von Programmen zuständige Teil des Compilers genannt – besteht aus der Überprüfung des Quellprogramms auf syntaktische Korrektheit, d. h. es wird geprüft, ob das gegebene Programm aus der BNF der Quellsprache erzeugt werden kann, sowie aus dem Erkennen syntaktischer Einheiten wie Deklarationen oder Anweisungen. Dazu baut der Parser aus den vom Scanner gelieferten Symbolen einen sogenannten *Syntaxbaum* auf und ergänzt die Bezeichner in der Symboltabelle um weitergehende Informationen (Typ einer Variablen, Anzahl und Typen der Parameter einer Funktion, ...).

Die Syntax einer Programmiersprache wird im allgemeinen in BNF oder durch allgemeinere Grammatiken spezifiziert (siehe auch Abschnitte 2.5 und 3.1.3). Für gewisse BNFs lassen sich mittels Parser-Generatoren automatisch Parser erzeugen. Diese Parser versuchen, ausgehend vom Startzeichen der BNF die Tokenfolge des Quellprogramms abzuleiten (Top-Down-Analyse) oder die Eingabetokenfolge auf das Startzeichen zu reduzieren, indem überprüft wird, ob Eingabetoken und rechte Regelseiten entsprechender Regeln übereinstimmen (Bottom-Up-Analyse).

6.1.3 Semantische Analyse

Programmiersprachen enthalten in der Regel semantische Nebenbedingungen, die sich nicht oder nur sehr schwierig durch eine BNF ausdrücken lassen, z.B. muß eine Variable vor ihrer ersten Benutzung deklariert werden oder bei der Berechnung eines Ausdrucks müssen die Operanden zueinander typkompatibel sein. Ziel der semantischen Analyse ist die Erkennung und Überprüfung solcher Nebenbedingungen. Der Syntaxbaum wird dabei um Attribute, z.B. Typinformationen, zu einem *attributierten Syntaxbaum* erweitert. Ein häufig verwendeter Ansatz zur semantischen Analyse ist die Integration semantischer Aktionen in die rechten Seiten der Regeln der BNF. Die Aktionen werden ausgeführt, wenn die entsprechenden Regeln beim Parsen reduziert werden. Innerhalb der Aktionen werden dann notwendige Überprüfungen (z.B. des Typs) und Manipulationen der Symboltabelle vorgenommen.

6.1.4 Zwischencode-Erzeugung

In dieser Phase wird der attributierte Syntaxbaum in maschinennahen, aber noch -unabhängigen sogenannten *Drei-Adreß-Code* (siehe Abschnitt 3.5.1) überführt. Der Vorteil dieser nicht unbedingt erforderlichen Phase besteht in der Unterteilung eines Compilers in ein maschinenunabhängiges Front-End (Phasen 1-4) und ein quellsprachenunabhängiges Back-End (Phasen 5-6). Front-Ends können so mit Back-Ends für verschiedene Rechner und Back-Ends mit Front-Ends für verschiedene Programmiersprachen verknüpft werden. Die Zwischencode-Erzeugung wird wie die semantische Analyse häufig mit der syntaktischen Analyse verzahnt. Dazu werden in die Aktionen der erweiterten Grammatik Code-Generierungsanweisungen eingefügt.

6.1.5 Code-Optimierung

Die Aufgabe der Code-Optimierung besteht in der Analyse und Modifikation des Zwischencodes mit dem Ziel, die Laufzeit und den Speicherbedarf zu reduzieren. Von besonderem Interesse sind dabei Optimierungsmaßnahmen an Schleifen, da sich der Rechner bei der Abarbeitung des Programms die längste Zeit hier aufhält und daher Optimierungen dort den größten Erfolg bringen. Beispiele für Optimierungen sind die Eliminierung mehrfach berechneter identischer Teilausdrücke, die Entfernung von Zuweisungen an nicht mehr benutzte Variablen und das Herausziehen solcher Anweisungen aus Schleifen, die unabhängig von der Anzahl der Schleifendurchläufe stets denselben Wert berechnen.

6.1.6 Code-Erzeugung

In dieser Phase wird Code erzeugt, der von einem speziellen Rechner ausgeführt werden kann. Häufig wird jedoch nicht direkt Maschinencode (Folge von Nullen und Einsen), sondern sogenannter *Assemblercode* generiert, der sehr einfach in Maschinencode überführt werden kann, vgl. Abschnitt 3.5.2. Ein Assemblerbefehl ist heute im allgemeinen ein Zwei-Adreßbefehl der Form op `Quelle`, `Ziel`, wobei op ein Operator (Addieren, Laden, Speichern, ...) ist und `Quelle` und `Ziel` Speicherplätze im Arbeitsspeicher oder Register zum kurzfristigen Bereithalten und schnellen Zugriff auf Daten sind. Unter Umständen werden auch am erzeugten Zielcode noch Optimierungen vorgenommen, insbesondere um eine effiziente Registernutzung sowie die Ausnutzung spezifischer Eigenschaften bzw. Befehle des zugrundeliegenden Rechners zu gewährleisten.

6.1.7 Beispiel

In Abb. 6.1 werden die einzelnen Compilierungsphasen skizziert (linker Teil) und anhand eines Beispiels verdeutlicht (rechter Teil). Das Beispiel-Quellprogramm wird durch die Zuweisung a := b + 10*c repräsentiert. Die drei Bezeichner – alle vom Typ `real` – seien dabei in vorangegangenen Anweisungen deklariert und vom Scanner bzw. Parser erkannt und in die Symboltabelle eingetragen worden. Der Scanner identifiziert anhand von vorgegebenen regulären Ausdrücken die angedeutete Tokenfolge. Er übergibt diese dem Parser, der mittels der BNF oder kontextfreien Grammatik der Quellsprache die syntaktische Korrektheit der Zuweisung nachweist und einen Syntaxbaum aufbaut. Bei der semantischen Analyse wird festgestellt, daß die Zahl 10 als ganze Zahl nicht in reellwertiger Repräsentation vorliegt, so daß für eine korrekte Ausführung der Multiplikation eine Konvertierung einer ganzen in eine reelle Zahl (`inttoreal`) notwendig ist. Aus dem attributierten Syntaxbaum wird Drei-Adreß-Code generiert. Im Drei-Adreß-Code dürfen in jeder Anweisung maximal drei Speicheradressen (Symboltabelleneinträge plus temporäre Variablen) auftreten. Der Code-Optimierer stellt anschließend fest, daß sich die beiden ersten und letzten

Anweisungen jeweils zu einer einzelnen Anweisung zusammenfassen lassen. Letztendlich wird Assemblercode erzeugt, wobei für Zwischenberechnungen die beiden Register R1 und R2 benutzt werden. Der Assembler-Befehl MOVF kopiert den Inhalt seines ersten Operanden auf den Speicherplatz des zweiten Operanden. Die Befehle ADDF und MULF addieren bzw. multiplizieren ihre beiden Operanden und legen das Ergebnis auf dem Speicherplatz des zweiten Operanden ab.

Ein Übersetzungsbeispiel ist auch in Abschnitt 3.5.2 (Algorithmen 4 und 18) angegeben.

6.2 Betriebssysteme

Moderne Rechnersysteme sind durch eine hohe Komplexität gekennzeichnet. Sie setzen sich aus einem oder mehreren Prozessoren, Arbeitsspeicher, peripheren Speichereinheiten (Magnetplatten, Disketten, CD-ROM, ...), Ein- und Ausgabegeräten (Tastatur, Maus, Bildschirm, Drucker, ...) sowie Netzwerkschnittstellen zusammen. Die Nutzung eines Rechnersystems wäre wenig effizient, wenn sich alle, die es nutzen wollen, um die Verwaltung dieser Betriebsmittel kümmern müßten. Aus diesem Grund wird in heutigen Rechnersystemen die Hardware durch eine Softwareschicht, die sich um die Verwaltung und Koordination der Betriebsmittel kümmert und eine einfachere Nutzungsschnittstelle bietet, „versteckt". Diese Softwareschicht wird *Betriebssystem* genannt. Sie bildet die Basis der Systemsoftware, die als weitere Bestandteile Software mit Werkzeugcharakter umfaßt wie Editoren oder Compiler. Bekannte Betriebssysteme sind z.B. UNIX und Windows95 bzw 98. Betriebssysteme setzen sich im wesentlichen aus vier Komponenten zusammen, die im folgenden näher beschrieben werden: Prozeßverwaltung, Speicherverwaltung, Dateiverwaltung und Geräteverwaltung (siehe auch Abb. 6.2, die in die Schichtendarstellung von Abb. 3.10 eingefügt werden kann).

6.2.1 Prozeßverwaltung

Moderne Rechner sind Mehrprogrammsysteme, d.h. während ein Programm ausgeführt wird, können sie mehrere Aufgaben wie das Lesen von der Festplatte und das Ausgeben von Daten auf dem Bildschirm gleichzeitig bearbeiten. Ermöglicht wird diese Arbeitsweise durch das sogenannte *Prozeßkonzept*, vgl. Abschnitt 3.4. Als *Prozeß* wird hier ein in Ausführung befindliches Programm bezeichnet. Realisiert wird die gleichzeitige Bearbeitung mehrerer Aufgaben dadurch, daß die Aufgaben mehreren Prozessen zugeordnet sind. Der reale Prozessor, der zu einem Zeitpunkt immer nur genau einen Prozeß ausführen kann, schaltet zwischen den einzelnen Prozessen so schnell hin und her, daß der Eindruck einer gleichzeitigen Ausführung entsteht.

Eine wesentliche Aufgabe der Prozeßverwaltung ist die Organisation des Prozeßwechsels. Der aktuelle Zustand des zu suspendierenden Prozesses muß abgespeichert und – sobald der Prozeß zu einem späteren Zeitpunkt wieder aktiviert wird – wiederhergestellt werden.

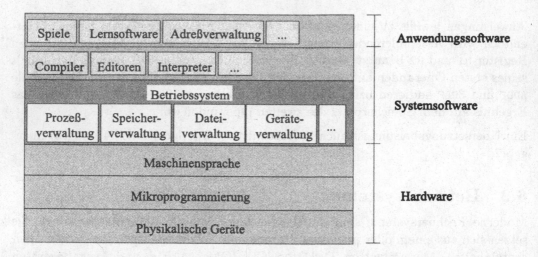

Abbildung 6.2: Aufbau eines Betriebssystems und Einordnung in ein Rechnersystem

Eine andere Aufgabe der Prozeßverwaltung ist das Prozeß-Scheduling, d.h. sind mehrere Prozesse rechenbereit, muß entschieden werden, welcher dieser Prozesse den Prozessor zugeteilt bekommt. Wichtige Kriterien, die von Scheduling-Algorithmen zu berücksichtigen sind, sind Fairneß (jeder Prozeß erhält einen „gerechten" Anteil der Prozessorzeit), Effizienz (der Prozessor ist möglichst vollständig ausgelastet) und Minimierung der Antwortzeit für wartende Prozesse. Es gibt unterschiedlich komplexe Scheduling-Algorithmen. Der einfachste ist das *Round-Robin-Scheduling*, bei dem die Prozesse in eine Warteschlange eingereiht werden. Hierbei wird dem aktiven Prozeß ein Zeitintervall (häufig 100 Millisekunden) zugewiesen. Ist die Zeit verbraucht, wird der Prozeß deaktiviert, hinten an die Schlange angehängt und der erste Prozeß aus der Schlange dem Prozessor zugeteilt. Dieses Vorgehen ist schwach, aber nicht stark fair, siehe Abschnitt 3.4.3. Komplexere Scheduling-Algorithmen ordnen den Prozessen unterschiedliche Prioritäten zu oder berücksichtigen deren Länge bei der Einreihung in Warteschlangen.

Prozesse laufen häufig nicht isoliert voneinander ab, sondern müssen miteinander kooperieren, um ihre Aufgabe zu erfüllen. Die Prozeßverwaltung unterstützt eine Zusammenarbeit mehrerer Prozesse durch die Bereitstellung spezieller Kommunikations- und Koordinationsmechanismen.

6.2.2   Speicherverwaltung

Im Mehrprogrammbetrieb ist der Arbeitsspeicher eines Rechnersystems meist nicht groß genug, um alle rechenbereiten Prozesse aufnehmen zu können. Der Speicherverwaltung kommt daher die Aufgabe zu, die Ein- und Auslagerung von Prozessen zwischen Arbeitsspeicher und Festplatte zu organisieren. Sie muß die freien und belegten Speicherbereiche verwalten und ist für die Zuweisung bzw. Freigabe von

Speicherbereichen zuständig.

Ein relativ einfacher Algorithmus für die Aufteilung des Arbeitsspeichers unter mehreren Prozessen ist das *Swapping*, bei dem ein Prozeß immer vollständig in den Arbeitsspeicher eingelagert wird. Hierzu wird nachgeschaut, wo genügend Platz vorhanden ist. Zur Not muß ein anderer Prozeß auf den Hintergrundspeicher ausgelagert werden. Da Prozesse häufig während ihrer Laufzeit wachsen, wird immer ein wenig mehr Speicher als notwendig reserviert, um aufwendige Verschiebungen oder Verlagerungen der Prozesse im Speicher möglichst zu vermeiden.

Beim Swapping tritt ein Problem auf, wenn ein Prozeß mehr Speicherplatz braucht, als physikalisch verfügbar ist. Eine Lösung dieses Problems bietet das Konzept des virtuellen Speichers. Hierbei werden die Prozesse in Fragmente aufgeteilt und nur die Fragmente im Arbeitsspeicher gehalten, die gerade benötigt werden. Virtuelle Speichersysteme benutzen hierzu in der Regel eine Technik, die *Paging* genannt wird. Beim Paging verwenden die Programme nur noch virtuelle Adressen, die erst beim Zugriff durch einen besonderen Chip, die *Memory Management Unit*, in die physikalischen Adressen umgerechnet werden. Die Fragmente werden hier Seiten genannt und haben im allgemeinen eine feste Größe zwischen 512 Bytes und 8 KBytes. Es existieren eine Reihe von Seitenersetzungsalgorithmen, deren Aufgabe es ist, die Seite zu bestimmen, die aus dem Speicher zu entfernen ist, um eine benötigte Seite einlagern zu können.

6.2.3 Dateiverwaltung

Als *Dateien* werden logische Einheiten auf externen Speichermedien wie Platten oder Disketten bezeichnet, in denen unter Umständen große Mengen von Daten langfristig gespeichert werden können. Dateien können nicht nur Texte, sondern beliebige Typen von Daten wie ausführbare Programme oder auch Audio/Videodaten enthalten. Wichtige Aufgaben der Dateiverwaltung eines Betriebssystems sind die Bereitstellung bzw. Durchführung von

- Zugriffsmechanismen: Der Zugriff auf Dateien durch Personen oder Prozesse erfolgt über (eindeutige) Bezeichner, auch Namen genannt. Spezielle Operationen erlauben zum einen die Organisation von Dateien selbst (erzeugen, löschen, ...) und zum anderen das Speichern und Wiederfinden von Informationen (schreiben, lesen, positionieren, ...), vgl. Punkt 4 in Abschnitt 3.2.2. Dabei werden Details darüber, wo und wie die Daten abgespeichert sind, verborgen.

- Strukturierungsmöglichkeiten: Um auch große Mengen von Dateien übersichtlich organisieren zu können, bietet die Dateiverwaltung in der Regel sogenannte Verzeichnissysteme an. Damit lassen sich Dateien hierarchisch strukturieren.

- Zugriffsschutzmaßnahmen: Insbesondere aufgrund der Vernetzung mit anderen Systemen kommt bei heutigen Rechnern der Bereitstellung adäquater Sicherheits- und Schutzmechanismen für Dateien immer größere Bedeutung zu.

Daten müssen vor unbefugtem Zugriff, und damit auch vor Veränderung oder Löschung geschützt werden können. Gängige Mechanismen sind hier die Vergabe spezieller Zugriffsrechte, was das Lesen, Schreiben und Ausführen von Dateien oder Verzeichnissen durch einzelne oder durch Nutzergruppen betrifft.

Konkrete Implementierungsdetails wie die Zu- bzw. Aufteilung von Dateien auf physikalische Plattenblöcke, die Behandlung defekter Plattenbereiche, die Anfertigung von Sicherungskopien sowie die Gewährleistung der Konsistenz der Daten werden durch die Dateiverwaltung gekapselt, so daß in heutigen Rechnersystemen aus Nutzersicht ein komfortabler Umgang mit Dateien gewährleistet ist.

6.2.4 Geräteverwaltung

Die Geräteverwaltung des Betriebssystems ist zuständig für die Überwachung und Steuerung von Ein- und Ausgabegeräten (E/A-Geräte). Sie ist im allgemeinen in vier aufeinanderaufbauenden Schichten realisiert. Auf der untersten Schicht, die direkt auf der Hardware aufsetzt, ist die Unterbrechungsbehandlung dafür zuständig, durch E/A-Operationen blockierte Prozesse nach Beendigung der Operation wieder zu reaktivieren. In der darüber liegenden Schicht behandeln Gerätetreiber die gerätespezifischen Details wie zum Beispiel die Positionierung von Plattenarmen auf bestimmte Spuren der Festplatte. Aufgaben wie Zwischenspeicherung von Daten oder die Zuteilung und Freigabe von Geräten werden aufbauend auf der Gerätetreiberschicht durch die geräteunabhängige Softwareschicht erledigt. Auf der obersten Schicht werden schließlich spezielle E/A-Bibliotheken für Anwendungen bereitgestellt.

Die Ziele, die mit dieser Art der Schichtung der E/A-Software erreicht werden, sind insbesondere eine Geräteunabhängigkeit der E/A-Befehle, eine Kapselung der Behandlung von E/A-Fehlern sowie die Unterstützung der gemeinsamen Nutzung von Geräten durch mehrere Prozesse.

6.3 Datenbanken

In vielen Bereichen, in denen Informationen verarbeitet werden, z.B. in großen Wirtschaftsunternehmen, bei Umweltinformationssystemen oder Dokumentenarchiven, fallen riesige Mengen von Daten an. Datenbanksysteme dienen der Organisation und Verwaltung derartiger Datenbestände. Ein *Datenbanksystem* (DBS) setzt sich aus einer konkreten *Datenbank* (DB) sowie einem *Datenbankmanagementsystem* (DBMS) zusammen. Eine Datenbank umfaßt dabei die eigentlichen Daten zusammen mit ihrer Beschreibung (dem *Datenbankschema*). Das DBMS verwaltet diese und andere Datenbanken und macht sie potentiellen Nutzern zugänglich.

6.3.1 Datenbankmanagementsysteme

Zentrale Aufgabe eines DBMS ist eine langfristige (persistente), effiziente Verwaltung großer Datenmengen. Das DBMS stellt Operationen zur Verfügung, um den Aufbau einer Datenbank beschreiben und Daten speichern, abfragen und ändern zu können. Dabei gewährleistet es die jederzeitige Korrektheit der Datenbankinhalte (Sicherung der Konsistenz, d.h. der logischen Widerspruchsfreiheit), auch beim evtl. gleichzeitigen Zugriff mehrerer Personen (Mehrbenutzerbetrieb). Dem Verlust von Daten nach Systemfehlern wird durch Datensicherungsmaßnahmen, dem unbefugten Zugriff auf fremde Daten durch Datenschutzmaßnahmen vorgebeugt.

DBMS lassen sich gemäß dem sogenannten *3-Ebenen-Konzept* in drei Abstraktionsebenen aufteilen (siehe Abb. 6.3). Auf der konzeptionellen Ebene werden die Daten mit einer logischen und einheitlichen Gesamtsicht betrachtet, unabhängig von Rechnern und Benutzern. Die interne Ebene beschreibt rechnernahe Aspekte wie Dateiorganisation und Plattenzugriff. Über die externe Ebene lassen sich abhängig von den Anforderungen verschiedener Anwendungen unterschiedliche Sichten auf eine Datenbank definieren.

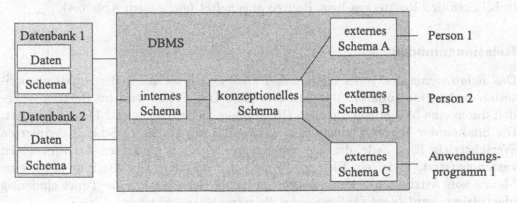

Abbildung 6.3: 3-Ebenen-Konzept von DBMS

Das 3-Ebenen-Konzept unterstützt die sogenannte Datenunabhängigkeit; Änderungen auf der internen bzw. externen Ebene sollen keine Änderungsmaßnahmen auf der jeweils anderen Ebene zur Folge haben.

6.3.2 Datenmodelle

Datenmodelle, mitunter auch Datenbankmodelle genannt, liefern Konzepte für die Definition von Datenbankschemata, d.h. Beschreibungen der Struktur und grundsätzlichen Eigenschaften von Datenbanken. Es wird zwischen abstrakten und konkreten Datenmodellen unterschieden. *Abstrakte Datenmodelle* sind speziell für den konzeptionellen Datenbankentwurf geeignet, *konkrete Datenmodelle* dienen der Implementierung eines solchen Entwurfs mit einem konkreten Datenbanksystem.

Entity-Relationship-Modell

Das *Entity-Relationship-Modell* (ER-Modell) ist ein abstraktes Datenmodell, das heutzutage als Quasi-Standard beim konzeptionellen Datenbankentwurf gilt. Es basiert auf den drei Sprachelementen Entities, Relationships und Attribute. Mit Hilfe der sogenannten *ER-Diagramme* lassen sich ER-Modelle graphisch veranschaulichen.

ER-Diagramme weisen gewisse Ähnlichkeiten zu Klassendiagrammen in objektorientierten Softwareentwicklungsmethoden auf (siehe Abschnitt 5.4.1). In der Tat verwenden einige objektorientierte Enwicklungsmethoden das ER-Modell als Modellierungsgrundlage. Entities entsprechen dabei Objekten des Anwendungsbereichs, Relationships drücken Beziehungen zwischen Entities aus, und Attribute repräsentieren Eigenschaften von Entities und Relationships. Entities werden in Entity-Mengen oder -Typen (vergleichbar mit Klassen) eingeteilt, Relationships zu Relationship-Mengen oder -Typen zusammengefaßt. In ER-Diagrammen werden Entity-Mengen durch Rechtecke und Relationship-Mengen durch Rauten dargestellt, die mit den in Beziehung stehenden Entity-Mengen durch Linien verbunden sind. An den Linien kann dabei noch die Komplexität der Beziehung vermerkt werden. Attribute werden in Ellipsen den Rechtecken bzw. Rauten angeheftet (siehe auch Abb. 6.4).

Relationenmodell

Das *Relationenmodell* (oder *relationale Datenmodell*) ist das in der Praxis am weitesten verbreitete konkrete Datenmodell. Eine Datenbank wird im Relationenmodell durch eine Menge von Tabellen (Relationen, siehe Abschnitt 2.1) repräsentiert. Die Spalten der Tabellen entsprechen Attributen mit einem im Schema definierten Wertebereich. Eine Zeile, die sich dementsprechend aus konkreten Attributwerten zusammensetzt, bildet ein Element (Tupel) der Relation. Ein Attribut (bzw. eine Menge von Attributen), dessen Werte innerhalb der Relation die Tupel eindeutig identifiziert, wird *Identifikations-* oder *Primärschlüssel* genannt.

Weitere Datenmodelle

Zu den klassischen Datenmodellen zählen das *hierarchische Modell* und das *Netzwerkmodell* – auch *CODASYL-Modell* genannt. Im Gegensatz zum relationalen Modell müssen in diesen Modellen die Beziehungen zwischen den Daten explizit definiert werden, was erhebliche Schwächen bzgl. der Datenunabhängigkeit zur Folge hat. Das hierarchische Modell unterstützt lediglich hierarchische Beziehungen, im Netzwerkmodell werden Datenbankschemata durch gerichtete Graphen beschrieben.

Immer größere Bedeutung erlangen in letzter Zeit *objektorientierte Datenmodelle*. Sie nutzen die Konzepte der Objektorientierung, um die klassischen Datenmodelle um Möglichkeiten zur Darstellung der Struktur der Daten und der Operationen auf diesen Daten zu erweitern.

6.3.3 Datenbankentwurf

Entwurfsphasen

Ähnlich wie bei anderen Arten der Softwareentwicklung setzt sich auch die Entwicklung einer Datenbank aus einer Sequenz von Phasen zusammen (siehe Abb. 6.4 links). In der Analysephase werden konkrete Anforderungen ermittelt, die in der Entwurfsphase umgesetzt und in der Implementierungsphase maschinenverständlich codiert werden. Die Entwurfsphase besteht aus mehreren Teilphasen. Beim konzeptionellen Entwurf wird die Datenbank systemunabhängig mit Hilfe eines abstrakten Datenmodells modelliert. Beim logischen Entwurf wird dieses Modell auf ein konkretes Datenmodell abgebildet und anschließend optimiert. Die Codierung des logischen Entwurfs in der *Datendefinitionssprache* (DDL = Data Definition Language) eines konkreten DBMS ist Aufgabe der Datendefinitionsphase. Der physische Entwurf umfaßt die Festlegung adäquater Speicher- und effizienzverbessernder Zugriffsstrukturen.

Relationaler Datenbankentwurf

Ziel des relationalen Datenbankentwurfs ist die Entwicklung eines relationalen Datenbankschemas und letztlich natürlich der Betrieb und die Nutzung einer entsprechenden Datenbank durch ein relationales Datenbanksystem. Als konzeptionelles Datenmodell wird hierbei im allgemeinen das ER-Modell, als logisches Datenmodell das relationale Modell und als DDL die Sprache SQL eingesetzt. Die Transformation eines ER-Modells in ein äquivalentes Relationenmodell ist hierbei relativ schematisch möglich; sowohl Entities als auch Relationships werden in Tabellen überführt. Über einen sogenannten *Normalisierungsprozeß* werden Redundanzen und unerwünschte Eigenschaften bei Änderungsoperationen aus der Datenbank entfernt.

Beispiel

Abb. 6.4 illustriert im rechten Teil anhand eines kleinen Beispiels den Datenbankentwurf. Anforderung sei in diesem Beispiel der Entwurf einer Datenbank für die Verwaltung von Sportvereinsdaten. Zunächst wird in der konzeptionellen Entwurfsphase ein ER-Modell erstellt, das die Entitäten Sportverein und Person sowie eine sogenannte n-m-Beziehung Mitarbeiter enthält. Die Beziehung besagt, daß ein Sportverein beliebig viele Mitarbeiter haben und eine Person Mitarbeiter in verschiedenen Sportvereinen sein kann. Den beiden Entitäten und der Beziehung sind jeweils eine Menge von Attributen zugeordnet. Das #-Zeichen kennzeichnet die Identifikationsschlüssel. In der logischen Entwurfsphase wird das ER-Modell in das relationale Modell überführt. Es entstehen drei Tabellen mit entsprechenden Attributen. Zu beachten ist, daß die Identifikationsschlüssel der Tabellen Sportverein und Person als sogenannte *Fremdschlüssel-Attribute* in die Tabelle Mitarbeiter aufgenommen werden. Die Überführung der Tabellen in die SQL-DDL während der Datendefinitionsphase kann relativ schematisch erfolgen.

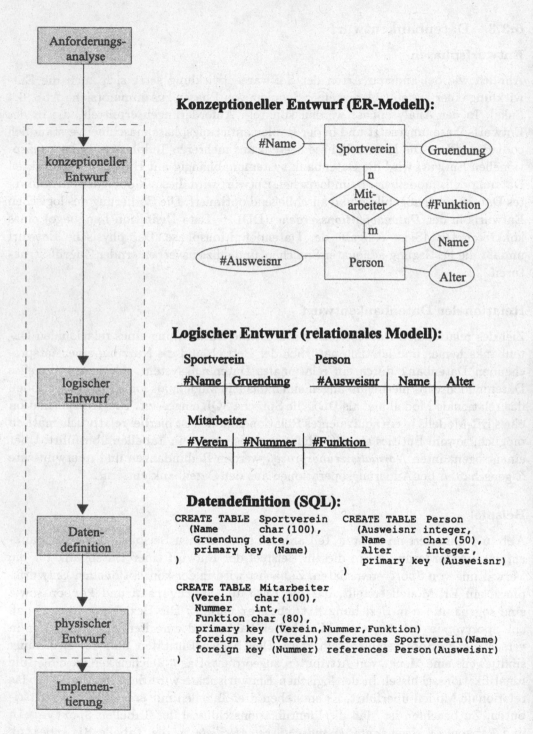

Abbildung 6.4: Datenbankentwurf

6.3.4   Datenbanksprachen

Um eine Datenbank angemessen durch unterschiedliche Anwendungsprogramme und iterativ durch Ad-hoc-Anfragen nutzen zu können, ist eine Datenbanksprache notwendig. Die bekannteste Datenbanksprache für relationale Datenbanksysteme heißt *SQL*. Sie stellt insbesondere Operationen für die Definition einer Datenbank (createtable-Anweisung), für Änderungen einer Datenbank (insert-, update-, delete-Anweisung) und für Anfragen an eine Datenbank (select-Anweisung) zur Verfügung.

SQL basiert auf dem Konzept der Relationenalgebra und ermöglicht als Anfrageoperationen u.a. das Ausblenden von Spalten (Projektion), das Heraussuchen von Zeilen aus Tabellen (Selektion) sowie die Verknüpfung (Join), Vereinigung und Differenzbildung von Tabellen. Anfragen in SQL genügen dabei dem sogenannten SFW-Grundmuster: Selektiere die Tupel (SELECT), die bezüglich Attribut x in der Tabelle y (FROM) den Wert z (WHERE) besitzen. SFW-Anweisungen können sich auf eine oder mehrere Tabellen beziehen und erzeugen als Resultat wieder eine Tabelle.

Abb. 6.5 enthält Beispiele für SQL-Anweisungen. Im linken Teil der Abb. ist eine mögliche Ausprägung der im Beispiel aus Abb. 6.4 entworfenen Datenbank skizziert, wobei die Tupel mittels der insert-Anweisung in die Datenbank eingefügt worden sind. Die angegebene select-Anweisung ermittelt die Namen aller Sportvereinsvorsitzenden.

Sportverein

#Name	Gruendung
SSV Duisburg	01.01.1928
TSV Dortmund	20.06.1904
VFB Bochum	01.10.1896

Person

#Ausweisnr	Name	Alter
17435668	Karl Meyer	69
17253749	Hans Frisch	35
18625373	Ute Kramm	18

Mitarbeiter

#Verein	#Nummer	#Funktion
VFB Bochum	17435668	Vorsitzender
VFB Bochum	17435668	Uebungsleiter
VFB Bochum	18625373	Pressewart
SSV Duisburg	18625373	Kassenwart
SSV Duisburg	17253749	Vorsitzender

Einfügen von Tupeln:

INSERT INTO Sportverein
VALUES
    (`SSV Duisburg´,01.01.1928)

Anfrage:

SELECT Person.Name
FROM Person,Mitarbeiter
WHERE Funktion=`Vorsitzender´
    AND Nummer=Ausweisnr

Anfrageergebnis:

Person.Name
Karl Meyer
Hans Frisch

Abbildung 6.5: SQL-Beispiel

6.4   Rechnernetze

Als *Rechnernetz* wird die Kopplung mehrerer, möglicherweise heterogener und meist räumlich getrennter Rechner bezeichnet. Gründe für die Vernetzung von Rechnern sind z.B. die Übertragung von Daten (Kommunikationsverbund), die Aufspaltung großer Datenbestände (Datenverbund), die Verteilung von Rechnerleistung (Lastverbund), die Zerlegung von Aufgaben in Teilaufgaben (Leistungsverbund) sowie die Nutzung von Hard- und Software, die aus Kostengründen nicht auf mehreren Rechnern bereit gehalten werden können (Betriebsmittelverbund).

Aspekte, mit denen sich das Gebiet der Rechnernetze beschäftigt, sind u.a. technischer (Elektrotechnik, Lichtwellenleiter), theoretischer (Fehlersicherungstheorie, Kodierungstheorie), juristischer (Datenschutz) und praktischer (Entwicklung von Kommunikationssoftware, Betrieb von Rechnernetzen) Art.

6.4.1   Architektur von Rechnernetzen

Als Grundlage für die Bildung von Kommunikationssystemen wurde 1978 von der internationalen Standardisierungsorganisation (ISO) das *OSI-Referenzmodell* (Open System Interconnection) entworfen (siehe Abb. 6.6).

Schicht 7	Anwendung	Anwendungsunterstützende Dienste Netzmanagement
Schicht 6	Darstellung	Umsetzung von Daten in Standardformate Interpretation dieser gemeinsamen Formate
Schicht 5	Kommunikations- steuerung	Prozeß-zu-Prozeß-Verbindung Prozeßsynchronisation
Schicht 4	Transport	Logische Ende-zu-Ende-Verbindungen in Abstraktion der technischen Übertragungssysteme
Schicht 3	Vermittlung	Wegbestimmung im Netz: Routing Datenflußkontrolle
Schicht 2	Sicherung	Logische Verbindungen mit Datenpaketen Elementare Fehlererkennungsmechanismen
Schicht 1	Bitübertragung	Nachrichtentechnische Hilfsmittel für die Übertragung von Bits

Abbildung 6.6: OSI-Referenzmodell

Ziel des Referenzmodells ist die Systematisierung der Kommunikation in heterogenen Rechnerumgebungen. Nach dem OSI-Referenzmodell wird ein Kommunikationssystem in sieben Schichten aufgeteilt. Jede Schicht enthält eine Menge von Funktionen, die sie mit Hilfe von Funktionen der darunter liegenden Schicht realisiert (von dieser importiert) und der darüber liegenden Schicht zur Verfügung stellt (an diese exportiert). Dabei muß sie ein bestimmtes schichtenspezifisches Regelwerk (*Protokoll*) einhalten.

6.4.2 Internet

Das bekannteste und größte existierende Netzwerk ist das *Internet*. Technisch gesehen ist das Internet ein Verbund verschiedener lokaler, nationaler und internationaler Netzwerke, das trotz der unterschiedlichen Hard- und Software nach außen wie ein einziges homogenes Netz wirkt. Der Datenaustausch zwischen einzelnen Rechnern im Internet erfolgt mit Hilfe der Protokolle TCP und IP. Von höherer Bedeutung für die Nutzer und Nutzerinnen des Internet ist jedoch sein praktischer Wert als Medium zum weltweiten Informationsaustausch. Dieser Wert wird durch die Bereitstellung verschiedener Dienste erzielt:

- Mit **E-Mail** (elektronische Post) können persönliche Informationen elektronisch ausgetauscht werden,

- das **Usenet** beinhaltet thematisch gegliederte Diskussionsforen,

- über **Telnet** ist es möglich, auf einem entfernten Rechner zu arbeiten,

- mit **FTP** können Software und Daten von anderen Rechnern geholt bzw. auf anderen Rechnern abgelegt werden,

- **Gopher** stellt inhaltlich und logisch verwandte Informationen unter einem benutzungsfreundlichen Zugang zusammen,

- das **IRC** ermöglicht weltweite Live-Diskussionen,

- **WAIS** dient der Informationssuche in global verteilten Datenbeständen und

- das **World Wide Web** (WWW) stellt ein weltweit verteiltes multimediales Informationssystem dar.

Insbesondere das WWW hat das Internet populär und auf breiter Basis nutzbar gemacht, weshalb der Begriff WWW heute auch schon häufig synonym zum Begriff Internet verwendet wird. Das WWW kann als Vermittlungssystem zwischen Informationsanbietenden (Produzenten) und Informationssuchenden (Konsumenten) gesehen werden. Informationsanbietende wie Universitäten, Institutionen, Firmen, Verbände oder Privatpersonen stellen ihre Informationen über sogenannte *WWW-Server* zur Verfügung, Informationssuchende können sich die Informationen – sofern sie sie finden – mit Hilfe sogenannter *WWW-Clients* – im allgemeinen *WWW-Browser* genannt (Microsoft Explorer, Netscape Navigator) – anschauen und weiterverwerten.

Die Vorteile des WWW als Informationsaustausch- und -vermittlungssystem sind insbesondere seine Plattform- bzw. Systemunabhängigkeit. Des weiteren ist seine Nutzung weder an Raum noch an Zeit gebunden. Diese Vorteile der Internet-Technologien machen sich heute durch den Aufbau sogenannter *Intranets* (meist räumlich begrenztes auf den Internet-Technologien basierendes Netzwerk) nicht nur weltweite Kommunikationsverbünde, sondern z.B. auch einzelne Unternehmen zunutze.

Realisiert ist das WWW als verteiltes Hypermedia-System. Hypermedia-Dokumente stellen Netzwerke dar, die aus einzelnen durch sogenannte *Verweise* (*Links*) miteinander verbundenen Informationseinheiten (Seiten) bestehen. Da menschliches Wissen im Gehirn ebenfalls als komplexes Netzwerk repräsentiert wird, stellen solche Hypermedia-Netze wesentlich natürlichere Informationsstrukturen dar als herkömmliche (sequentielle) Bücher. Die Informationseinheiten werden in der Regel als *HTML--Dokumente* (Hypertext Markup Language) realisiert, die entweder fest vorliegen oder mit Hilfe sogenannter *CGI-Skripte* erst beim Zugriff generiert werden. Über CGI-Skripte lassen sich z.B. Kommunikationsverbindungen zu Datenbanken realisieren und damit bewährte Datenbanktechnologien in das WWW integrieren. HTML-Seiten können Texte, Graphiken, Audios, Video, Animationen oder auch Applikationen (*Java-Applets*) enthalten. Mit Hilfe eines Browsers kann eine Seite von einem WWW-Server geladen und am Bildschirm angezeigt werden. Verweise auf andere Seite werden meist durch Unterstreichungen hervorgehoben. Durch Mausklick auf einen Link, wird die entsprechende Seite angezeigt. Der Browser baut dazu eine Verbindung zu dem WWW-Server auf, auf dem die Seite liegt, und fordert die Seite mit Hilfe des *Hypertext Transfer Protocols* (HTTP) an. Adressiert wird eine Seite dabei durch einen weltweit eindeutigen *Unified Resource Locator* (URL). Das Lesen von Hypertext-Dokumenten wird auch als *Browsen*, *Navigieren* oder *Surfen* bezeichnet.

Um ein thematisches Auffinden von Seiten im WWW zu ermöglichen, wurden sogenannte *Suchmaschinen* (*Search Engines*) entwickelt. Man gibt im WWW-Browser Suchbegriffe in ein Formular ein und erhält daraufhin eine Liste von Seiten, auf denen die Suchbegriffe vorkommen. Bekannte Suchmaschinen sind z.B. Yahoo, Lycos und AltaVista.

6.5   Literaturhinweise

Klassische und empfehlenswerte Lehrbücher im Bereich der Praktischen Informatik sind das Compilerbau-Buch von Aho, Sethi und Ullmann (1998), die beiden Bücher Moderne Betriebssysteme (1995) und Computernetzwerke (2000) von Tanenbaum sowie das Datenbanken-Buch von Heuer und Saake (2000). Weitere Bücher finden sich im Literaturverzeichnis.

Literaturverzeichnis

[1] Aho, A. V., Hopcroft, J. E. und Ullman, J. D. (1974). The Design and Analysis of Computer Algorithms. Addison-Wesley.

[2] Aho, A. V., Sethi, R. und Ullmann, J. D. (1988). Compilerbau, Teil 1. Addison-Wesley.

[3] Aho, A. V., Sethi, R. und Ullmann, J. D. (1988). Compilerbau, Teil 2. Addison-Wesley.

[4] Balzert, H. (1998). Lehrbuch der Software-Technik: Software-Management, Software-Qualitätssicherung, Unternehmensmodellierung. Spektrum Akademischer Verlag.

[5] Balzert, Heide. (1999). Lehrbuch der Objektmodellierung. Analyse und Entwurf. Spektrum Akademischer Verlag.

[6] Balzert, H. (2000). Lehrbuch der Software-Technik: Softwareentwicklung. Spektrum Akademischer Verlag.

[7] Boles, D. (1999). Programmieren spielend gelernt: mit dem Java-Hamster-Modell. Teubner.

[8] Booch, G. (1995). Objektorientierte Analyse und Design. Addison-Wesley.

[9] Brause, R. (1997). Betriebssysteme. Springer.

[10] Bröhl, A.-P. und Dröschel, W. (1995). Das V-Modell: der Standard für die Softwareentwicklung mit Praxisleitfaden. Oldenbourg.

[11] Claus, V. und Schwill, A. (Bearb.) (3. Auflage 1997), Schülerduden Informatik. Dudenverlag, Mannheim.

[12] Claus, V. und Schwill, A. (Bearb.) (3. Auflage 1999). Duden Informatik. Dudenverlag, Mannheim.

[13] Edelsbrunner, H. (1987). Algorithms in Combinatorial Geometry. ETACS Monographs on Theoretical Computer Science 10. Springer.

[14] Feldmann, R., Monien, B. und Mysliwietz, P. (1996). Ein effizienter verteilter Algorithmus zur Spielbaumsuche. In: Highlights aus der Informatik (Hrsg. Wegener, I.), 42–62. Springer.

[15] Fogel, D. B. (1995). Evolutionary Computation: Toward a New Philosophy of Machine Intelligence. IEEE Press.

[16] Fowler, M. und Scott, K. (2000). UML konzentriert: Eine strukturierte Einführung in die Standard-Objektmodellierungssprache. Addison-Wesley.

[17] Gamma, E., Helm, R., Johnson, R. und Vlissides, J. (2001). Entwurfsmuster: Elemente wiederverwendbarer objektorientierter Software. Addison-Wesley.

[18] Güting, R. H. (1992). Datenstrukturen und Algorithmen. Teubner.

[19] Heuer, A. und Saake, G. (2000). Datenbanken: Konzepte und Sprachen. MITP.

[20] Klein, R. (1997). Algorithmische Geometrie. Addison-Wesley.

[21] Knuth, D. E. (1997). The Art of Computer Programming. Vol. 1: Fundamental Algorithms. Vol. 2: Seminumerical Algorithms. Vol. 3: Sorting and Searching. Addison-Wesley.

[22] Kowalk, W. und Burke, M. (1994). Rechnernetze: Konzepte und Techniken der Datenübertragung. Teubner.

[23] Krol, E. (1995). Die Welt des Internet: Handbuch & Übersicht. O'Reilly.

[24] Kruchten, P. (1999). Der Rational Unified Process. Addison-Wesley.

[25] van Leeuwen, J. (Hrsg.) (1990). Handbook of Theoretical Computer Science. Elsevier, MIT Press.

[26] Mehlhorn, K. und Näher, S. (1996). LEDA – Eine Plattform für kombinatorisches und geometrisches Rechnen. In: Highlights aus der Informatik (Hrsg. Wegener, I.), 112–129. Springer.

[27] Meier, A. (1998). Relationale Datenbanken: Eine Einführung für die Praxis. Springer.

[28] Meyer, B. (1990). Objektorientierte Softwareentwicklung. Hanser.

[29] Motwani, R. und Raghavan, P. (1995). Randomized Algorithms. Cambridge University Press.

[30] Oestereich, B. (1999). Objektorientierte Softwareentwicklung: Analyse und Design mit der Unified Modeling Language. Oldenbourg.

[31] Ottmann, T. und Widmayer, P. (1996). Algorithmen und Datenstrukturen. Spektrum Akademischer Verlag.

[32] Pagel, B.-U. und Six, H.-W. (1994). Software Engineering: Die Phasen der Softwareentwicklung. Addison-Wesley.

[33] Pomberger, G. (1996). Software-Engineering. Hanser.

[34] Preparata, F. P. und Shamos, M. I. (1985). Computational Geometry. An Introduction. Springer.

[35] Proebster, W. E. (1998). Rechnernetze: Technik, Protokolle, Systeme, Anwendungen. Oldenbourg.

[36] Reischuk, K. R. (1999). Komplexitätstheorie. Teubner.

[37] Rumbaugh, J., Blaha, M., Premerlani, W., Eddy, F. und Lorensen, W. (1993). Objektorientiertes Modellieren und Entwerfen. Hanser.

[38] Schäfer, S. (1994). Objektorientierte Entwurfsmethoden: Verfahren zum objektorientierten Softwareentwurf im Überblick. Addison-Wesley.

[39] Schöning, U. (1995). Perlen der Theoretischen Informatik. Spektrum Akademischer Verlag.

[40] Schöning, U. (1997a). Theoretische Informatik – kurz gefaßt. Spektrum Akademischer Verlag.

[41] Schöning, U. (1997b). Algorithmen – kurz gefaßt. Spektrum Akademischer Verlag.

[42] Schwefel, H. P. (1995). Evolution and Optimum Seeking. Wiley.

[43] Sedgewick, R. (1992). Algorithmen. Addison-Wesley.

[44] Sommerville, I. (1996). Software Engineering. Addison-Wesley.

[45] Stein, W. (1994). Objektorientierte Analysemethoden: Vergleich, Bewertung, Auswahl. BI Wissenschaftsverlag.

[46] Tanenbaum, A. S. (1995). Moderne Betriebssysteme. Hanser.

[47] Tanenbaum, A. S. (2000). Computernetzwerke. Prentice Hall.

[48] Ulam, S. M. (1996). A Collection of Mathematical Problems. No. 8 Interscience Tracts in Pure and Applied Mathematics, Interscience.

[49] Vetter, M. (1998). Objektmodellierung: eine Einführung in die objektorientierte Analyse und das objektorientierte Design. Teubner.

[50] Wegener, I. (1996a). Effiziente Algorithmen für grundlegende Funktionen. Teubner.

[51] Wegener, I. (1996b). Kompendium Theoretische Informatik – eine Ideensammlung. Teubner.

[52] Wegener, I. (Hrsg.) (1996c). Highlights aus der Informatik. Springer.

[53] Wegener, I. (1999). Theoretische Informatik – eine algorithmenorientierte Einführung. Teubner.

[54] Wilhelm, R. (1996). Informatik – Grundlagen, Anwendungen, Perspektiven. Becksche Reihe 2038, Beck.

[55] Wirth, N. (1986). Compilerbau. Teubner.

[56] Wood, D. (1993). Data Structures, Algorithms, and Performance. Addison-Wesley.

[57] Zehnder, C. A. (1998). Informationssysteme und Datenbanken. Teubner.

Index

Weitere Titel bei Teubner

Heinzjoachim Franeck

Starthilfe
Technische Mechanik

Ein Leitfaden für
Studienanfänger
des Ingenieurwesens

1996. 108 S. mit 85 Abb. Br. € 11,00
ISBN 3-8154-3024-0

Iben/Schmidt

Starthilfe
Thermodynamik

1999. 108 S. mit 40 Abb. Br. € 13,00
ISBN 3-519-00262-0

Iben/Iben

Starthilfe
Strömungslehre

1999. 106 S. Br. € 13,00
ISBN 3-519-00263-9

Volkmar Seidel

Starthilfe
Elektrotechnik

2000. 112 S. Br. DM € 13,00
ISBN 3-519-00264-7

Werner Stolz

Starthilfe Physik
Ein Leitfaden für Studienanfänger der Naturwissen-
schaften, des Ingenieur-
wesens und der Medizin

3., überarb. Aufl. 2001. 112 S. Br. € 16,00
ISBN 3-519-23034-8

Stand 1.4.2002. Änderungen vorbehalten.
Erhältlich im Buchhandel oder im Verlag.

B. G. Teubner
Abraham-Lincoln-Straße 46
65189 Wiesbaden
Fax 0611.7878-400
www.teubner.de

Teubner